JN125232

第4版

講師用 はじめての

介護入門研修テキスト

「介護に関する入門的研修」テキスト

一般社団法人 介護福祉指導教育推進機構 理事

木村 久枝

［編著］

KOYU 厚有出版

は じ め に

　日本の人口（総人口）は2022（令和４）年８月１日現在、約１億2,508万人です。人口は少子化の影響により2011年以降11年連続で前年を下回り、１年間で55万人減少しています。一方、65歳以上（高齢者）の人口は増加傾向にあり、前年同月に比べて6.7万人の増加で、約3,626万人になりました。高齢者が人口に占める割合（高齢化率）は28.9％となり、超高齢社会を維持しています。

　この状況から介護を必要とする人が増え、さらに団塊の世代が高齢者となる中で、確実に介護を必要とする人たちは増加傾向にあり、介護に携わる介護人材の不足という課題が浮き彫りになってきました。
　これまでも現場での実践課程（実務者研修・初任者研修など）や、介護福祉士の養成課程などで、様々な介護に携わる多くのキャリアを積んだ人たちを輩出してきましたが、まだまだ不足しています。

　そこで国は、「入門的研修」をつくりました。この研修は、介護に関心をもつ介護未経験の人向けの、基本的な知識・スキルを身につけるための研修です。カリキュラム時間数は21時間と初任者研修（130時間）よりも短いため、受講しやすい研修といえるでしょう。入門的研修は都道府県及び市区町村（民間団体への委託も可）によって実施されています。研修を修了すると修了証明書が発行されます。

　本書は高齢者がこれまでと同じように地域でいきいきと暮らせるように、高齢者の特徴や、介護に携わる上で必要なことなど、多くの人が不安に感じていることをわかりやすくまとめました。日常に役立つ介護に関する基本的な、知識・技術・倫理観をこの本で学んでいただけたら幸いです。そして多くの方が介護福祉分野で活躍し、地域社会の担い手となっていただけることを心より願っています。

一般社団法人 介護福祉指導教育推進機構　理事

木村　久枝

本書の特長と使い方

○本書の特長

　入門的研修のほとんどは、本を主体としたテキストに講師自身が工夫したパワーポイントのスライドを補助テキストとして使って行われていますが、特に「入門的研修」は高齢者の受講者が多く、スライドによる説明を求める声が大変多くあります。

　本書は、「本とスライドを一体化したテキストが欲しい。」という現場の講師のご要望にお応えして生まれた実践テキストです。

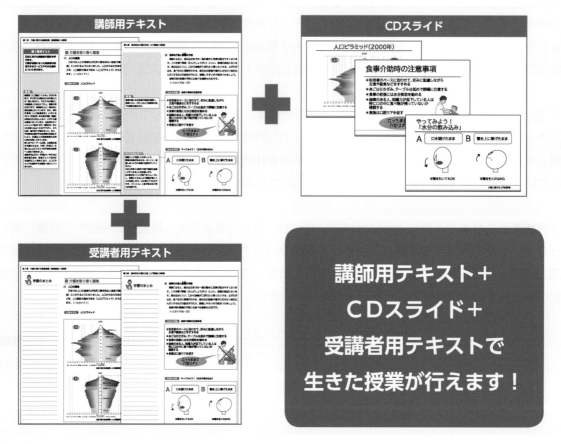

講師用テキスト+
CDスライド+
受講者用テキストで
生きた授業が行えます！

○本書の使い方

　入門的研修の受講者は、若年層から年配者まで非常に幅広い方々が受講されるため、従来のテキストだけの講義では受講者の関心を獲得できているとはいえません。

　また、介護の授業は、介護の動作や具体的な動きについての説明が多いため、講師の方々はテキストのほかにパワーポイントによるスライドを駆使して授業を進めていくことが多いのが現状ではないでしょうか。

　そこで本書は、テキストとスライドをセットして講師の方々が実践の場ですぐに使えるように、「講師用」は指導用の解説を入れ、「受講者用」はノート欄のスペースを十分に確保して、誰でもが気軽にスライドを見ながら講義を受けることができます。

　また、受講者自身に考えてほしい箇所については、【やってみよう！】【考えてみよう！】のスライド場面を設け、各自が介護体験をイメージできるようにしてあります。

　これにより、実際に経験することによって、より理解が深まるテキストとなっています。

○CDについて（講師用テキストのみ収録）

　講師用テキストには、本書で掲載しているスライドデータ（PowerPointおよびPDF）を巻末のCDに収録しています。ファイルは各章ごとにわかれておりますので、選択してご使用ください。ご使用の環境によってはPowerPointのレイアウトが崩れる場合がございますので、その際はPDFをご使用ください。

研修内容及び研修時間数

研 修 科 目		研修時間数	研 修 内 容
基礎講座	介護に関する基礎知識	1.5時間	○介護に関する相談先（市区町村の窓口、地域包括支援センター、居宅介護支援事業所） ○介護保険制度の概要（サービスの種類、利用手続き、利用者負担など） ○介護休業制度などの仕事と介護の両立支援制度の概要（介護休業や介護休暇などの内容や利用手続きなど）
	介護の基本	1.5時間	○介護における安全・安楽な体の動かし方（ボディメカニクスの活用） ○介護予防・認知症予防に使える体操（介護予防の理解、手軽に取り組める指先や手などを使った体操の紹介）
入門講座	基本的な介護の方法	10時間	○介護職の役割や介護の専門性 ○生活支援技術の基本（移動・移乗、食事、入浴・清潔保持、排泄、着脱、整容、口腔清潔、家事援助などに係る介護や支援の基本的な方法） ○老化の理解（老化に伴う心身機能の変化と日常生活への影響など）
	認知症の理解	4時間	○認知症を取り巻く状況（認知症高齢者の今後の動向や認知症に関する施策など） ○認知症の中核症状とBPSD、それに伴う日常生活への影響や認知症の進行による変化 ○認知症の種類とその原因疾患、症状、生活上の障害などの基本的な知識 ○認知症の人及びその家族に対する支援や関わり方
	障害の理解	2時間	○障害の概念や障害者福祉の理念（ノーマライゼーションやICFの考え方） ○障害特性（身体、知的、精神、発達、難病など）に応じた生活上の障害や心理・行動の特徴などの基本的な知識 ○障害児者及びその家族に対する支援や関わり方
	介護における安全確保	2時間	○介護の現場における典型的な事故や感染など、リスクに対する予防や安全対策、起こってしまった場合の対応などに係る知識 ○介護職自身の健康管理、腰痛予防、手洗い・うがい、感染症対策などに係る知識
合計時間数		21時間	

目　　次

はじめに

本書の特長と使い方

研修内容及び研修時間数

スライド一覧表

第1章　介護に関する基礎知識（基礎講座1.5時間）

▊ 介護を取り巻く環境

▊ 介護保険制度とは

▊ 高齢者虐待と身体拘束

第2章　介護の基本（基礎講座1.5時間）

▊ 介護を必要とする人の理解

▊ 尊厳を支える介護

▊ 自立を支える介護

9 睡眠の介護の方法

第4章 認知症の理解（入門講座4時間）

1 認知症とは

2 認知症の種類

3 認知症の症状

4 認知症と生活障害

5　認知症の治療

6　認知症サポーターについて

第5章　障害の理解（入門講座2時間）

1　身体障害

2　知的障害

3　精神障害

4　難病

5　障害者福祉の基本理念

第6章　介護における安全の確保（入門講座2時間）

1　介護の現場で起きやすい事故

2　食中毒

3　感染と感染予防

4　介護者の健康管理と感染対策

第1章

介護に関する基礎知識
（基礎講座1.5時間）

解説

総務省「人口統計」によると、2022（令和4）年8月1日現在の日本の総人口（確定値）は1億2,508万2,000人、そのうち65歳以上の高齢者人口は3625万6,000人、高齢化率は29.0%で、高齢者の人口・割合ともに過去最高となっています。また、同年の新生児数（2023年2月28日付速報値）は79万9,728人となり、7年連続で過去最少を更新、初めて80万人を割りました。出生率もオイルショック後の1975（昭和50）年に2.0を割り込み1.91まで下がり、それ以降一層の低下が続きました。また、平均寿命の延伸や社会保障の充実などにより、65歳以上の高齢者層も次第に厚みを増してきています。第二次ベビーブーム以降、出生数は減少を続けたため、1990（平成2）年頃には人口ピラミッドは不安定な壺形へと変わり始めました。

1 介護を取り巻く環境

(1) 人口の構造

日本では人口の高齢化が世界に類を見ない速度で進行し、「超高齢社会」といわれるようになりました。人口からみた日本の高齢化の状況などを、人口統計の基本である「人口ピラミッド」からみてみたいと思います。（→スライド1）

スライド1 人口ピラミッド

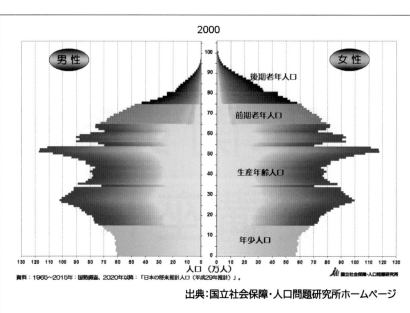

出典：国立社会保障・人口問題研究所ホームページ

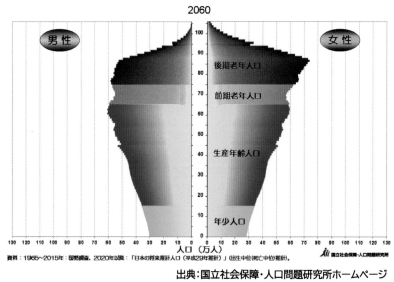

出典：国立社会保障・人口問題研究所ホームページ

解説

2016（平成28）年の合計特殊出生率は1.44、出生数は97万6,978人で、1899（明治32）年の統計開始以来、初めて100万人を割り込みました。なお、2021（令和3）年の合計特殊出生率は1.30となっています。

2003（平成15）年から合計特殊出生率（15〜49歳までの女性の年齢別出生率の合計）は低下し続け、2006（平成18）年には若干回復しているものの、1.3〜1.4程度で推移しています。すでに子どもを産む若い女性の人口が減少しているため、出生数の減少の歯止めは効かないということです。

　一方で、団塊の世代は2012（平成24）年から65歳を超え始め、団塊ジュニア世代が40歳代に入り始めたため、人口ピラミッドは<u>壺形から花瓶形</u>へ変わりつつあります。

　人口ピラミッドの隆起部分の年齢層が「65歳前後」の場合、65歳以上の高齢者人口は、その時点で大幅に増加しています。また、さらに10年後には、75歳以上の高齢者人口が大幅に増えることになります。団塊の世代がすべて75歳となる2025（令和7）年には、総人口の18％に達します。また、2060年には、人口は8674万人まで減少し、65歳以上の高齢者は全体の約40％を占める見込みです。

解 説

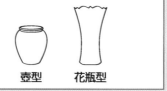

壺型　　花瓶型

（2）　平均寿命と健康寿命

　平均寿命とは、その年に誕生した子どもが何年生きるかを推計したもので、健康寿命とは日常生活に制限のない期間をいいます。この平均寿命と健康寿命の差は、日常生活に制限のある「不健康な期間」ということになります。（→**スライド2**）

スライド2　平均寿命と健康寿命の差

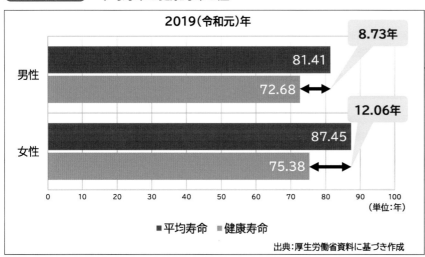

出典：厚生労働省資料に基づき作成

　病気を予防し、健康の増進や介護予防などによってこの差を短縮することができれば、個人の<u>生活の質（QOL）</u>の低下を防ぐとともに、<u>社会保障費</u>の軽減にもなるということです。

解 説

厚生労働省が随時公表している簡易生命表によると、2020（令和2）年の日本人の平均寿命は男性81.64歳、女性は87.74歳で過去最高を更新しました。国際比較でみると、日本女性の世界ランキングは香港（88.14歳）に続いて第2位、男性は香港（82.71歳）、スイス（81.9歳）に続いて第3位となります。

平均寿命は経済状況と密接に関連することを示しています。2021（令和3）年の日本のGDPは、アメリカ、中国に次いで3位となっており、ほぼ順当な平均寿命となっているのです。

また、平均寿命と関連した言葉で、健康寿命という言葉があります。健康寿命とは、「健康上の問題で日常生活が制限されることなく生活できる期間」と定義されています。平均寿命と健康寿命との差は図を見ればわかるように、2019（令和元）年では男性8.73年で、女性が12.06年ということになります。このように長期間にわたり制限を強いられて生活しても、毎日に満足は得られません。したがって、介護における今後の課題は、健康寿命を延ばし、平均寿命との差を縮めることになります。

解 説

第2章「**2** 尊厳を支える介護」参照

解 説

平均寿命の延伸に伴い、健康寿命との差が拡大すれば、医療費や介護給付費の多くを消費する機関が増大します。

(3)　高齢者を取り巻く環境

日本を含む多くの国では、65歳以上を高齢者と定義づけています。しかし、この定義には医学的・生物学的に明確な根拠はありません。一般に高齢になると病気にかかりやすく、環境の変化に適応する能力が低下しやすいといわれています。このような高齢者が身体の不調を感じているのかという有訴者率は、2013（平成25）年で466.1と、半数近くの人が何らかの自覚症状を訴えていることがわかりました。また、日常生活に影響のある者率では、同年において258.2と有訴者率と比べるとおよそ半分になっています。

日常生活への影響を内容別にみると、「日常生活動作」（起床、衣服着脱、食事、入浴など）が人口1,000人当たり119.3、「外出」が同118.4と高くなり、次いで「仕事・家事・学業」が同94.4、「運動（スポーツを含む）」が同83.3となっています。（→スライド3）

解説

人口1,000人当たりの「ここ数日、病気やけがなどで自覚症状のある者（入院者を除く）」の数

解説

人口1,000人当たりの「現在、健康上の問題で、日常生活動作、外出、仕事、家事、学業、運動などに影響のある者（入院者を除く）」の数

スライド3　65歳以上の高齢者の日常生活に影響のある者率

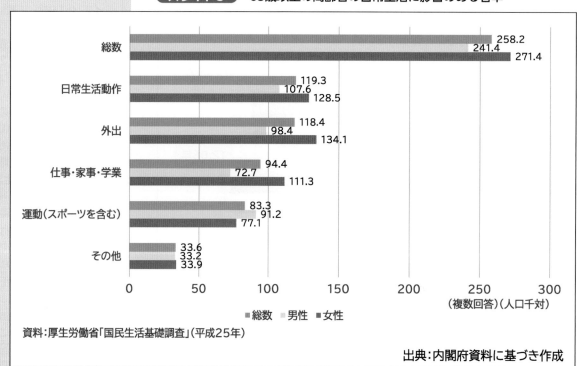

資料：厚生労働省「国民生活基礎調査」（平成25年）

出典：内閣府資料に基づき作成

解説

日常生活への影響を内容別にみると、「日常生活動作」（起床、衣服着脱、食事、入浴など）が人口1,000人当たり119.3、「外出」が同118.4と高くなっており、次いで「仕事・家事・学業」が同94.4、「運動（スポーツを含む）」が同83.3となっています。外出は私たちにとって、とても大切な行動になります。気分転換や日光を浴びることによって骨密度の強化につながり、体力の増強にもなります。それが影響されることで、日常生活動作も低下していくということです。

65歳以上の高齢者がいる世帯についてみると、2020（令和2）年現在、世帯数は2265万5,000世帯と、全世帯（5583万世帯）の40.7%を占めています。1980（昭和55）年では、世帯構造の中で三世代世帯の割合が一番多く、全体の半数を占めていましたが、2020（令和2）年では、夫婦のみの世帯が一番多く約3割を占め、単独世帯と合わせると約6割となっています。（→スライド4）

スライド4 65歳以上の者のいる世帯数及び構成割合（世帯構造別）と全世帯に占める65歳以上の者がいる世帯の割合

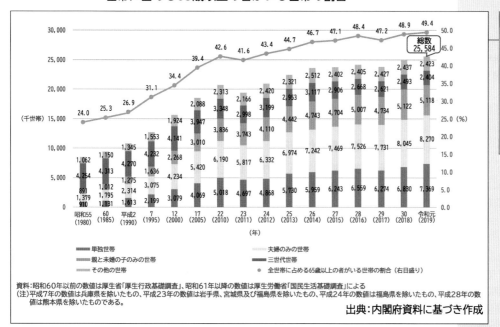

資料：昭和60年以前の数値は厚生省「厚生行政基礎調査」、昭和61年以降の数値は厚生労働省「国民生活基礎調査」による
(注)平成7年の数値は兵庫県を除いたもの、平成23年の数値は岩手県、宮城県及び福島県を除いたもの、平成24年の数値は福島県を除いたもの、平成28年の数値は熊本県を除いたものである。

出典：内閣府資料に基づき作成

解説
年齢を重ねるごとに要介護度も上昇していきます。ひとりで生活している高齢者は日常生活が不自由になり、高齢者同士では老老介護、家族と生活している高齢者の場合は家族の介護負担が多くなります。

また、65歳以上の要介護者などの性別にみた「介護が必要になった主な原因」では、男女合わせると「認知症」が18.7%と最も多く、次いで、「脳血管疾患（脳卒中）」15.1%、「高齢による衰弱」13.8%、「骨折・転倒」12.5%となっています。（→スライド5）

解説
第4章「1 認知症とは」参照

解説
第5章「1 身体障害」参照

スライド5 65歳以上の要介護者などの性別にみた介護が必要となった主な原因

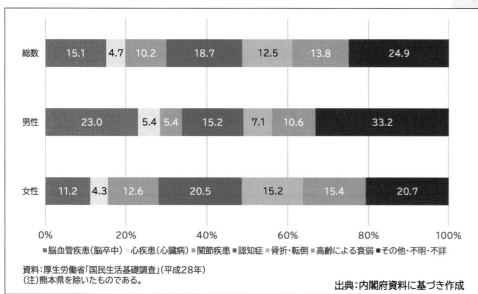

資料：厚生労働省「国民生活基礎調査」(平成28年)
(注)熊本県を除いたものである。

出典：内閣府資料に基づき作成

解説
脳血管疾患の場合、後遺症による運動障害や認知障害などが起こります。本人も今まで通りの生活ができず、不自由が強いられます。

② 介護保険制度とは

　人口の高齢化は、日本のみならず世界的に進んでいます。これに伴い介護を必要とする人が増加していますが、日本では<u>少子化・核家族化</u>などで、これまでのように家族が介護をすることは困難になりました。そこで介護が必要な状態になっても安心して暮らせるよう、社会全体で支えることを目的に2000（平成12）年４月から「介護保険制度」が始まりました。

(1) 介護保険制度の仕組み

　介護保険制度は加入者が出した保険料で、介護認定を受けることでサービスが利用できる制度です。<u>介護保険</u>の加入者（被保険者）は、年齢により第１号被保険者（65歳以上の者）と第２号被保険者（40歳〜64歳の者で医療保険に加入されている者）に分かれます。

　第１号被保険者は原因を問わず要介護認定が受けられ、第２号被保険者は特定疾病という病気が原因の時のみ、要介護認定を受けることができます。第１号被保険者も第２号被保険者も保険料は所得に応じて決まります。（→スライド6）

解説
「少子化」 出生数が３年連続で100万人を割り、2017（平成29）年の出生率は1.43 「核家族化」 夫婦と未婚の子どもだけで構成される家族

解説
介護保険の実施主体は市区町村になります。

解説
第1章「① 介護を取り巻く環境」で触れたように、私たちの社会は急速に高齢化が進んでいます。この高齢化に伴い介護を必要とする方の増加が見込まれている一方で、少子化・核家族化などにより、家族だけで介護を支えることが困難な状況になっています。こうした状況を背景に、2000（平成12）年４月にスタートしたのが「介護保険制度」です。

スライド6　介護保険制度の仕組み

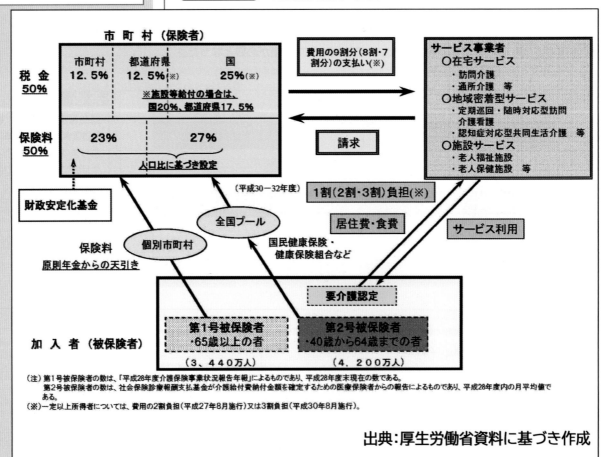

出典：厚生労働省資料に基づき作成

(2) 介護保険で受けられるサービス

介護保険で受けられる介護サービスには、支援サービス、居宅サービス、施設サービス、地域密着型サービス、介護予防サービス、地域密着型介護予防サービスがあります。

○支援サービス
ケアプランの作成、家族の相談対応など
○居宅サービス（自宅に住む人のためのサービス）
　≪訪問型≫　家事支援（掃除や洗濯、買い物や調理など）
　　　　　　　身体介護（入浴や排せつのお世話）
　　　　　　　訪問看護（医師の指示のもと、看護師が健康チェックや、療養上の世話など）
　≪通所型≫　「デイサービス」（食事や入浴などの支援や、心身の機能を維持・向上するためのリハビリやレクリエーション、「おいしく、楽しく、安全に食べる」ための口腔清掃や口唇・舌の機能訓練などを日帰りで行う）
　　　　　　　「デイケア」（施設や病院などで、日常生活の自立のために理学療法士、作業療法士などがリハビリを行う）
　　　　　　　「短期滞在型」ショートステイ（施設などに短期間宿泊して、食事や入浴などの支援や、心身の機能を維持・向上するためのリハビリの支援など。家族の介護負担軽減や施設入居準備などに利用できる）
○施設サービス（施設に入居するサービス）
　特別養護老人ホーム（特養）
　介護老人保健施設（老健）
　介護療養型医療施設（療養病床）
　介護医療院（長期療養者のための介護付医療施設）
○地域密着型サービス
　「定期巡回・随時対応型訪問介護看護」（24時間体制で自宅を巡回）
　「夜間対応型訪問介護」（夜間対応の定期巡回サービス）
　「地域密着型通所介護」（小規模デイサービス）
　「療養通所介護」（重度要介護、がん末期患者対象のデイサービス）
　「認知症対応型通所介護」（認知症要介護者向けデイサービス）
　「小規模多機能居宅介護」（通い・宿泊・訪問介護の3つのサービス）
　「認知症対応型共同生活介護」（グループホーム。認知特化型施設）
　「地域密着型特定施設入居者生活介護」（4種の小規模老人ホーム）
　「地域密着型介護老人福祉施設入所者生活介護」（小規模型特養）
　「看護小規模多機能型居宅介護」（通い・宿泊・訪問介護＋訪問看護）

解説
「介護の相談窓口」
・市区町村の介護保険を担当する窓口
・地域包括支援センター
・居宅介護支援事業所

解説
介護予防サービス、地域密着型介護予防サービスは、要介護認定で要支援1または2と認定された方のみ利用できるサービスになります。
→第1章 スライド7 参照

解説
施設サービスは要介護1～5の方を対象とした介護保険サービスです。居宅サービス、地域密着型サービスの中にも、要介護1～5の方のみが対象となるサービスがあります。

介護保険で受けられるサービスは、大きく分けて施設サービスと居宅サービスになります。2006（平成18）年4月からは介護予防サービス、地域密着型サービスが新たに加わりました。

(3)　介護サービスを利用するには

　　介護サービスを利用する時は所定の手続きをします。（**→スライド7**）

スライド7　介護サービスの利用の手続き

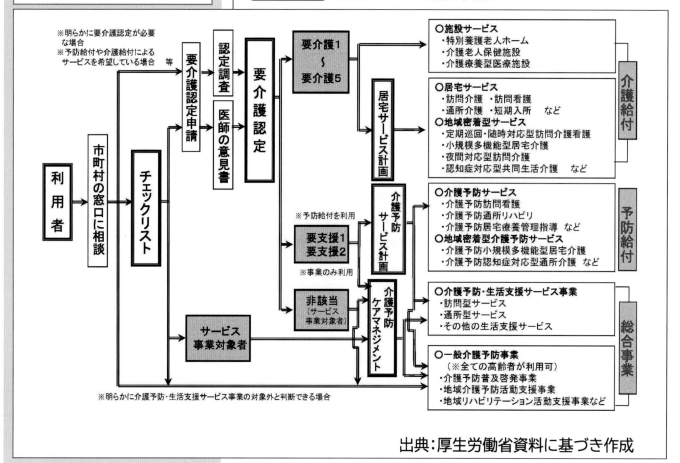

出典：厚生労働省資料に基づき作成

①　申請

　　保険者（市区町村）の窓口に要介護認定の申請の手続きをします。認定の申請は、居宅介護支援事業所などに代行してもらうこともできます。

②　要介護認定

　1．認定調査

　　調査員が自宅などを訪問して、本人の心身の状況や日常の生活状況などの項目について聞き取り調査を行い、「認定調査票」を作成します。あわせて「主治医の意見書」を主治医（かかりつけ医）に書いてもらいます。

2．認定審査

作成された「認定調査票」をもとにコンピュータで一次判定が行われます。この一次判定結果と「認定調査票中の特記事項」「主治医の意見書」を参考に、介護・医療・保健分野の専門家で構成される「要介護認定審査会」で二次判定を行い、要介護度を決定します。(→**スライド8**)

また、この要介護度に応じて、利用できる介護サービスの上限額（支給限度額）が決まります。

介護度別・支給限度額（月間）		
介護度	給付限度額	1割負担額
要支援1	50,320円	5,032円
要支援2	105,310円	10,531円
要介護1	167,650円	16,765円
要介護2	197,050円	19,705円
要介護3	270,480円	27,048円
要介護4	309,380円	30,938円
要介護5	362,170円	36,217円

スライド8 保険給付と要介護状態区分のイメージ

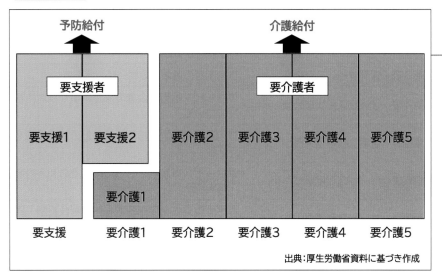

出典：厚生労働省資料に基づき作成

> **解説**
>
> 介護保険サービスを利用するには、要支援・要介護認定が必要です。住んでいる市区町村の介護保険担当窓口で申請することから始めます。要支援1や2は、少し支援すれば自立して生活できる人という判定なので、身体機能の低下を予防して要介護にならないために、予防給付というサービスが受けられます。

3．介護サービス計画の作成

要介護度が決定すると、本人や家族の要望、生活の状況、利用できるサービスの上限額などを参考にして、「何を」目的として「どのサービス」を「どれ位」「いつ」「どこのサービスを」使うかなど、「介護サービス計画（ケアプラン）」を作成します。

「介護サービス計画」は自分で作成することもできますが、居宅介護支援事業所の「介護支援専門員（ケアマネジャー）」に作成してもらうことが一般的です。(→**スライド9・10**)

> **解説**
>
> 介護保険には、介護度に応じた支給限度額があります。この範囲内でケアマネジャーはケアプランを作成します。介護度が重いほど限度額が大きくなります。介護度が高くなると、必要な介護も増え、費用も高額になっていきます。年金の中から毎月費用を払うのは大変な家庭もあると思います。また、それ以上のサービスを受けたい場合は、全額自己負担となりますが、受けられないということではありません。

スライド9　居宅介護支援事業所と居宅サービス事業者

スライド10　介護サービス計画の構成内容（居宅サービス）

No.	名称	内容
第1表	居宅サービス計画書（1）	❏利用者の基本情報 ❏サービス計画の全体方針
第2表	居宅サービス計画書（2）	❏利用者のニーズ ❏支援内容の詳細
第3表	週間サービス計画表	❏利用者の週単位のサービス計画表
第4表	サービス担当者会議の要点	❏サービス担当者会議の決定事項や検討内容について
第5表	居宅支援経過介護	❏利用者の相談内容や事業者との連絡事項を記録
第6表	サービス利用票	❏サービス事業者ごとに月単位での利用内容等を表示
第7表	サービス利用票別表	❏月単位での利用単位数・利用者負担額・種類別支給限度額等を表示

4．サービスの利用

　作成された介護サービス計画に沿って、介護サービス事業者から介護サービスの提供を受けます。各サービス事業所においても、「介護サービス計画」の目的に従い、より詳細な「個別援助計画」が作成され、サービスを利用する一人ひとりに沿ったサービスが提供されます。

3 仕事と介護の両立支援制度

(1) 介護休業制度

　親や家族などのために、やむを得ず仕事を辞める介護離職が増加しています。介護に直面する労働者は、企業において中核的な人材として活躍している場合も少なくありません。仕事と介護を両立できる職場環境の整備を図り、こうした人材の離職を防止しています。

　その一環として、国は労働者が要介護状態にある家族を介護するために、一定の期間休業することができる「介護休業制度」をつくりました。この制度は、介護が必要な対象家族1人につき通算93日まで休みを取得できます（年間3回まで分割取得可能）。申請にあたっては、休業開始の2週間前までに必要書類を提出します。事業主は労働者から介護休業の申し出を受けた場合、それを拒否することはできません。介護休業を取得できるのは、要介護状態にある対象家族を介護する男女労働者です。期間を定めて雇用された者は、申出時点において、次のいずれにも該当すれば介護休業を取得することができます。

① 同一の事業主に引き続き1年以上雇用されていること（雇用形態は問わない）

② 取得予定日から起算して93日を経過する日から6ヵ月を経過するまでの間に、労働契約（更新される場合には、更新後の契約）の期間が満了することが明らかでないこと

　なお、休業中の賃金は原則無料ですが、要件を満たせば雇用保険の介護給付金制度を利用することも可能です。

　この他、2021（令和3）年には年間5日まで、1時間単位で取得が可能な「介護休暇」制度も創設されています。

> **解説**
> 介護休業制度において、介護の対象となる家族の範囲は次のとおりです。
> 配偶者（事実婚を含む）、父母、子、配偶者の父母、祖父母、兄弟姉妹、孫
> ＊「父母、子」は養子、養親を含む

(2) 介護の環境整備（介護人材確保のための総合的な対策）

　「介護離職ゼロ」の実現に向けて、介護利用者の受け皿が38万人分以上から、50万人分以上へと拡大されました。介護人材の処遇については、競合他産業との賃金の格差がなくなるよう、2017（平成29）年度からキャリアアップの仕組みを構築し、月額平均1万円相当の改善を行っています。なお、障害福祉人材の処遇についても、介護人材と同様の考え方に立って予算編成過程で検討されています。

> **解説**
> (2)(3)は2016（平成28）年6月2日に閣議決定されました。

> **解説**
> 介護をしながら働く人の離職をゼロにする「介護離職ゼロ」は、2015年に安倍内閣（当時）が「一億総活躍社会の実現」のために打ち出した社会保障施策のひとつです。当初は家族の負担軽減のために特別養護老人ホームの増設に力が注がれましたが、かえって人材不足を助長することとなり、2019年に今度は在宅介護の推進へと方向転換を図りました。現在は主に民間老人ホーム増設の推進、海外の介護人材の育成・雇用に力が注がれています。

(3) 地域共生社会の実現

　子ども、高齢者、障害者などすべての人々が、地域、暮らし、生きがいを共につくり、高め合うことができる「地域共生社会」の実現を目指しています。このため、支え手側と受け手側に分かれるのではなく、地域のあらゆる住民が役割をもち、支え合いながら自分らしく活躍できる地域コミュニティを育成します。そのために、福祉などの地域の公的サービスと協同し、助け合いながら暮らすことのできる仕組みを構築しています。

> **解説**
> 地域をより良くするために活動する住民同士のつながりや集まり

4 高齢者虐待と身体拘束

(1) 高齢者虐待

　2000（平成12）年に始まった介護保険制度が社会のしくみとして浸透していく一方で、家庭や介護施設などにおける高齢者への虐待が深刻な社会問題となっています。そのような中、2006（平成18）年に「高齢者虐待の防止、高齢者の養護者に対する支援等に関する法律」（高齢者虐待防止法）が施行されました。（→**スライド11**）

解説

厚生労働省のデータによると、家族からの虐待は年間1万7,000件以上にのぼります。このうち介護施設や居宅サービスの従業者によるものは、年間約600件で、虐待に気づいた人は市区町村への通報を努力義務としています。虐待を受けている高齢者本人も自ら届け出できますが、ADLが低下している高齢者では困難なケースが多いのが現状です。

スライド11　高齢者虐待防止法

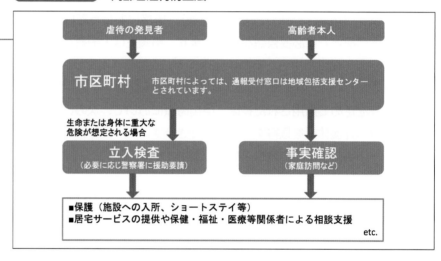

　高齢者虐待には、「身体的虐待」、「介護等の放棄・放任」、「心理的虐待」、「性的虐待」、「経済的虐待」があります。

　虐待をする人の要因には介護の長期化、介護疲れなどでのストレスの増大があり、介護者自身も病気や、精神的な問題を抱えていると深刻化しやすくなります。家庭内で高齢者虐待をしている虐待者の内訳をみると息子が一番多く、次に夫、娘となっています。実の息子から虐待を受けるケースが多いという点も注目したいところです。（→**スライド12**）

解説

虐待をする息子の多くは「独身」であり、定職についていない場合も多く見受けられます。親子のみの生活に身体的、精神的サポートが得られず、介護ストレスが蓄積しやすい傾向にあるといわれています。介護者のストレス軽減のためにも、他者からのアドバイスや知識の共有が必要です。

スライド12　高齢者虐待をしている虐待者の内訳

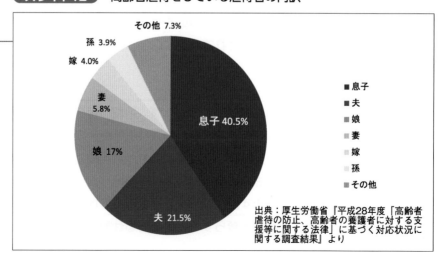

　虐待を受ける多くの高齢者には、認知症による言動の混乱や身体的自立度の低さ等がみられます。自分の要望をうまく伝えられない、同じことを何度も繰り返すといった症状そのものが介護者の負担やストレスとなり、虐待されてしまう一因としてあげられます。**(→スライド13)**

スライド13 虐待事例における認知症の状況

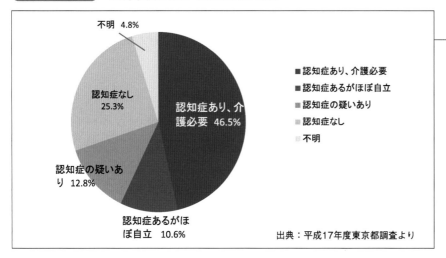

不明　4.8%

■ 認知症あり、介護必要
■ 認知症あるがほぼ自立
■ 認知症の疑いあり
■ 認知症なし
■ 不明

認知症なし 25.3%

認知症あり、介護必要 46.5%

認知症の疑いあり 12.8%

認知症あるがほぼ自立 10.6%

出典：平成17年度東京都調査より

解説

虐待されている高齢者の約7割は、なんらかの認知症の症状がみられます。介護者が長年の介護に疲れ果てたり、一生懸命なあまり追い詰められて虐待に至るケースもあることをふまえると、虐待をしている人もまた被害者であるといえるでしょう。
虐待者が家族の場合は、長年のうちに築かれた人間関係や精神的な問題が関係することもあるため、介入時には専門的な知識や慎重さが求められます。

　今後も親の介護に取り組んでいける地域と社会のサポートが求められますが、介護者も日々の関わりが適切であるかなど、客観的な視点や距離感を保つことも大切です。

スライド14 考えてみよう！「これって虐待ですか？」

(A) 何度も同じことを繰り返し言う高齢者への対応

□ 無視する
□ 「ちょっと待ってて」を繰り返す
□ 「さっきも言ったでしょ」と強い口調で答える

(B) 自分で食べられるが時間がかかる高齢者への対応

□ 介護者がすべて食べさせる
□ 量を半分にする
□ そのまま放置する
　（自分ですべて食べさせる）

解説

すべて虐待です。
(A)は認知症の方に多くみられる現象です。本人の思いに寄り添い対応します。
(B)はなぜ時間がかかるのか調べましょう。本人の食べる力を低下させないよう、食事形態の工夫や調整、食器の変更などさまざまな対応策を検討しましょう。

(2)　身体拘束

　身体拘束とは、ベッドなどにしばりつけるなどして、自由な動きを奪うことです。過去にはその人の安全面や衛生面を考慮し、やむを得ず行われていました。しかし、身体拘束は人権の尊重や尊厳の重視などを考えると大きな問題となります。また、身体の動きを制限することは、高齢者にとっては廃用症候群（生活不活発病）を招くおそれもあります。

　2001（平成13）年に国は「身体拘束ゼロの手引き」を提示しました。そこには、身体拘束禁止の対象となる具体的な行為例が示されています。**（→スライド15）**

スライド15　身体拘束の具体的な範囲

> **当事者の心身の状態も鑑みながら、以下のような対応を行います。**
>
> □ 立ち上がらないように車椅子やベッドにひも等でしばる
>
> □ ベッドから降りないように柵で囲む
>
> □ おむつの中に手を入れないよう、手足をひもでしばる
>
> □ 自分の身体を掻きつぶさないようミトン型手袋等をつけて手指の機能を抑制する
>
> □ 落ち着かせるため向精神薬を過剰に服用させる
>
> □ 自分の意志で開けることができないように居室等にカギをかける

　しかし、介護保険制度では利用者自身またはほかの利用者などの生命や身体を守るために緊急やむを得ない場合には、例外的に身体拘束を認めています。**（→スライド16）**

スライド16　身体拘束が認められる条件

> **身体拘束を行うには、以下の3要件をすべて満たす必要があります。**
>
> ① 切迫性
> □ 利用者本人または他の利用者などの生命や身体が危険にさらされる可能性が著しく高いこと
>
> ② 非代替性
> □ 身体拘束その他の行動制限を行う以外に、代替できる介護方法がないこと
>
> ③ 一時性
> □ 身体拘束その他の行動制限が一時的なものであること

解説

日常生活で身体を動かさないと、臓器や筋肉、関節などの働きが鈍り、臓器では機能が低下、関節で拘縮が起こります。精神的にもうつ状態になりやすく、知的機能も減退していきます。

解説

例えば、歩行が不安定な人が車椅子やベッドにベルトなどで固定されている状態のときに動きたがっているとします。なぜ降りたがっているのでしょうか。トイレに行きたいから？　お尻や背中が痛いから？　それとも退屈だからでしょうか？　常に当事者の心のうちに寄り添い、自分だったらどう思うかを考えながら行動しましょう。

解説

身体拘束が認められる要件ですが、高齢者施設などでは3要件を判断する際のルールを明確にしておくことと、身体拘束を行った場合は必ず記録することなどを徹底しています。もしこのような状態で身体拘束を行わなければならなかったとしても、利用者の尊厳が損なわれないように配慮することが大切です。

第**2**章

介護の基本
（基礎講座1.5時間）

解説

第1章「2 介護保険制度とは」参照

1 介護を必要とする人の理解

(1) 高齢者と介護

　高齢になると病弱になりやすく、そのために誰かの助けが必要になることも多くなります。そのような高齢者を社会全体で支えていこうと、介護保険制度が始まり、利用者自らの意思に基づいて利用するサービスを選択し、決定することができるようになりました。介護を必要とする人の決定は、このように何らかの基準をもとに客観的に判定することで、支援の方法や内容を決めています。（→スライド1）

スライド1　要介護状態区分別の状態像

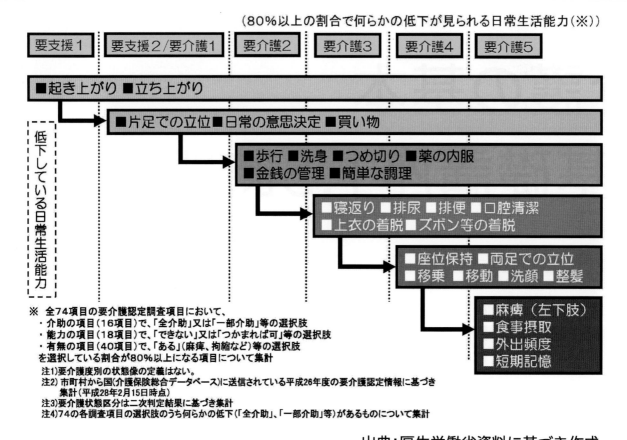

出典：厚生労働省資料に基づき作成

解説

要介護認定での自立は、歩行や起き上がりなどの日常生活上の基本的動作を自分で行うことが可能であり、かつ、薬の内服、電話の利用などの手段的日常生活動作を行う能力もある状態としています。それは、社会的支援がなくても生活ができる状態を示しています。そして、要支援から要介護度が上がるごとに、日常生活能力が低下していきます。

(2) 高齢者の住みたい場所

　厚生労働省は40歳以上の男女3,000人を対象に、高齢期の就労、健康づくり、ひとり暮らし、地域の支え合いなどに関する調査を実施しました。そこで「高齢期に生活したい場所」として「自宅」をあげた人は72.2％でした。さらに「自身が望む介護の姿」では、「自宅で家族に依存せず生活できる介護サービスがあれば受けたい」という回答が最も多く、37.4％を占めました。実際に高齢者のみで生活を送っている世帯は増加傾向にありますが、虚弱になっても持ち家に住み続けたいという希望者が多く、可能な限り自宅で暮らし続けられるようにするために、高齢者に配慮した住宅の整備や改修を進めるとともに、介護の知識をもった多くの方との連携が必要になります。

　しかし、在宅生活に限界が来た時には、高齢者向け住まいの検討も必要になります。その際入居を希望される方のライフスタイルや、介護ニーズに見合った住まいとして適切な場所かどうか、選択できるサポートも大切です。（→スライド2）

解 説

「高齢社会に関する意識調査」（2016年2月24〜29日調査実施）より。

解 説

今まで住んでいた場所で、介護が必要になったとしても住み続けたいと思う人が多いということがわかっています。しかし、介護が必要になった時に今までの場所で生活を続けるということが困難になった場合、要介護、要支援認定された高齢者は、これらの住まいの場所を選択することができます。
ちなみに「老後住みたい都道府県はどこ？」というアンケートでは、どの都道府県に住んでいる人も、第1位には沖縄県という結果が出ています。

スライド2　高齢者向け施設・住まいの概要

	特別養護老人ホーム	老人保健施設	介護療養型医療施設	養護老人ホーム	軽費老人ホーム	有料老人ホーム	サービス付き高齢者向け住宅	認知症高齢者グループホーム
基本的性格	要介護高齢者のための生活施設	要介護高齢者にリハビリ等を提供し在宅復帰を目指す施設	医療の必要な要介護高齢者の長期療養施設	環境的、経済的に困窮した高齢者の施設	低所得高齢者のための住居	高齢者のための住居	高齢者のための住居	認知症高齢者のための共同生活住居
利用できる介護保険	介護福祉施設サービス（介護老人福祉施設）	介護福祉施設サービス（介護老人保健施設）	介護福祉施設サービス（介護療養型医療施設）	特定施設入居者生活介護※外部サービスの活用も可			なし（有料老人ホームの基準を満たす場合、特定施設入居者生活介護が可能）※外部サービスを利用	認知症対応型共同生活介護
主な設置主体	地方公共団体社会福祉法人	地方公共団体医療法人	地方公共団体医療法人	地方公共団体社会福祉法人	地方公共団体社会福祉法人知事許可を受けた法人	限定なし（営利法人中心）	限定なし（営利法人中心）	限定なし（営利法人中心）
対象者	65歳以上であって、身体上又は精神上著しい障害があるために常時介護を必要とし、かつ居宅においてこれを受けることが困難な者	病状安定期にあり、看護・介護・機能訓練を必要とする要介護者	病状安定期にあり、療養上の管理・看護・介護・機能訓練が必要な要介護者	65歳以上の者であって、環境上及び経済的理由により居宅において養護を受けることが困難な者	身体機能の低下等により自立した生活を営むことについて不安であると認められる者であって、家族による援助を受けることが困難な60歳以上の者	老人※老人福祉法上、老人に関する概念がないため、解釈においては社会通念による	次のいずれかに該当する単身・夫婦世帯等・60歳以上の者・要介護／要支援認定を受けている60歳未満の者等	要介護者／要支援者であって認知症である者（その者の認知症の原因となる疾患が急性の状態にある者を除く。）

（注）特定施設入居者生活介護とは、特定施設に入居している要介護者・要支援者を対象として行われる、日常生活上の世話、機能訓練、療養上の世話のことであり、介護保険の対象となる。特定施設の対象となる施設は、①養護老人ホーム、②経費老人ホーム、③有料老人ホーム。サービス付き高齢者向け住宅は、有料老人ホームに該当するものは特定施設となる。

出典：厚生労働省資料に基づき作成

2 尊厳を支える介護

人は誰でも「自分らしく幸せに楽しく生きたい」と願っています。このような自分らしい生活や充実した生活を表す用語として、QOLが広く用いられています。このQOLの向上がその人の人生の質につながり、尊厳のある人生になります。（→**スライド3**）

解 説

QOL（Quality of Life）
一人ひとりの人生の内容の質や社会的にみた生活の質

スライド3　尊厳を支える介護

尊厳を支える介護
＝本人自身が個人として尊重されていると自覚し自尊心がもてる生き方を支援すること

・これまでの生き方を尊重したケア
・自立した暮らしを支えるケア

「自立支援」

解 説

尊厳とは「とうとくおごそかなこと。気高く威厳があり犯しがたいこと」という意味です。読み方は「そんげん」です。
この言葉でもっとも有名なのは、国際法や憲法の条文です。すべての個人が互いを人間として尊重する法の原理を「個人の尊厳」といいます。そして、介護が必要になった高齢者の、尊厳を支える介護は「自立支援」ということになります。
自立支援については第2章「③ 自立を支える介護」で解説します。

(1) 高齢者の虚弱（フレイル）

「加齢により心身が衰えた状態」を指す言葉にフレイルがあります。フレイルとは「虚弱」や「老衰」を意味するFrailty（フレイルティ）を語源とする概念で、健康な状態と介護が必要な状態の中間を意味します。診断基準には以下の5項目が挙げられます。（→**スライド4**）

スライド4　フレイル診断の5項目

解 説

フレイルとは、わかりやすくいえば「加齢により心身が老い衰えた状態」のことです。高齢者のフレイルは、生活の質を落とすだけでなく、様々な合併症も引き起こす危険があります。しかし、このフレイルの状態は、早く対策を行えばもとの健常な状態に戻る可能性があるということです。

---

①体重減少　　　　　　減らそうと意図せずに1年間で4〜5kg以上減る

②疲労感
③活動度の低下
④身体機能の低下　　　最も顕著なのは歩行スピードが遅くなる

⑤筋力の低下(サルコペニア)
　　　　　　　　　　　最もわかりやすいのは握力の低下

多くの高齢者は、フレイルを経て要介護状態へ進みます。高齢者が増えている現代社会において、フレイルに早く気づき、正しく予防することが大切です。

フレイルに陥った高齢者になるべく早くから関わり、適切に支援することで、生活機能の維持・向上を図ることができます。

(2) 介護予防・認知症予防

　これからの日本には、重度な要介護状態になっても住み慣れた地域で自分らしい人生を最後まで続けることができるよう、医療・介護・予防・住まい・生活支援が一体的に提供されるシステムが必要です。特に認知症高齢者の増加が見込まれることから、地域で支えるシステムの充実が大切になります。

　「介護予防」は高齢者が要介護状態などにならないように予防すること、または、要介護状態などの軽減や悪化の防止を目的に行うものです。生活機能の低下した高齢者に対しては、単に高齢者の運動機能や栄養状態といった心身機能の改善だけではなく、「日常生活動作（ADL）」を高めることで、家庭や社会への参加を促します。そして、一人ひとりの高齢者の生きがいや、自己実現のための取り組みを支援して、QOLの向上を目指します。（→**スライド5**）

スライド5　日常生活動作（ADL）

ADL(Activities of Daily Living)
＝日常生活の基本となる動作
　寝返り　起き上がり　食べる　排泄　着脱

＊手段的ADL(Instrumental ADL)
　＝ADLの延長線上にあり、繰り返し必要な動作
　　買い物　料理　後片付け　掃除

解説

ADLは「日常生活動作」と訳され、起床から着替え、移動、食事、トイレ、入浴など日常的に発生する動作を指します。

手段的ADL（IADL）は、日常的な動作の中でも、より頭を使って判断することが求められる動作になります。例えば、食事をするためには買い物や後片付けが必要であり、出前を取る時は電話の応対などが必要になります。買い物の場合、メニューに応じて何を買うべきか理解することが必要で、会計時の判断力（＝金銭の管理能力）などの動作も必要になります。

　また、スポーツやボランティア、趣味関係のグループなどへの社会参加の割合が高い地域ほど、「転倒」や「認知症」のリスクが低いことがわかってきました。

宮城県での作成・実施事例

≪介護予防・認知症予防のための体操≫

1．介護予防体操

自分の体重を利用した介護予防体操

つま先立ち
①椅子の背もたれや手すりなどにつかまり、両足を軽く開いて、
　かかとをゆっくりと床から離します。
②3秒ほど数えたら、ゆっくり下ろします。
③1回につき、5回から10回程度を1日3回行います。

片脚立ち
①テーブルや手すりなどの安定したものを支えに、まっすぐに立ちます。
②転ばないよう、注意しながら片足立ちになります。
③左右1分間ずつ、1日3回行います。

スクワット
①足を肩幅に軽く開き、つま先を少し外側に向けます。
②ゆっくりお尻を少し引いて、膝がつま先より出ない程度に
　膝の曲げ伸ばしを行います。
③1回につき、5回から10回程度を1日3回行います。

※各体操の回数は目安です。ご自分の筋力や体力に合わせて行ってください。
　また、痛みなどがある場合は行わないでください。

解説

沖縄県での作成・実施事例

2．ちゃーがんじゅう体操

3. パタカラ体操

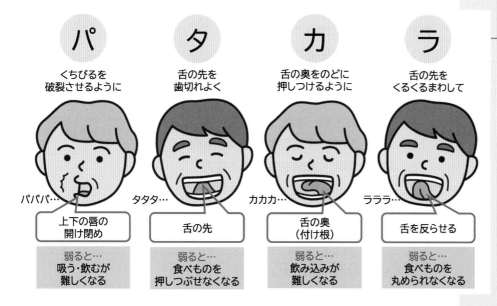

3 自立を支える介護

　自立とは、自分の人生や生活に対して、自分で選択し決定する「自己決定」を尊重することをいいます。それは人間としての証であり、たとえ高齢になり体が不自由になって、日常生活の動作すべてに介助が必要になったとしても、サービスなどを利用して主体的に自分らしく生活する権利は誰にでもあります。（→スライド6）

スライド6　自立支援とは

「その人らしく、より良く、自分の意思で」
生活できることを可能にすること

それは、自分自身でできることがなくなった
としても同じである

　介護福祉の理念の根底にあるのは、ひとりの人間としての「基本的人権の尊重」にあります。その観点から、介護支援を受ける高齢者に対し、次のとおり保証が示されています。

1．地域社会で生活する権利
2．個別ケアを受ける権利
3．質の高いサービスを受ける権利
4．自己決定・自己選択する権利
5．わかりやすい情報提供を受ける権利
6．意見・質問・苦情を表明する権利
7．プライバシーの保護に関する権利
8．自己尊重の念と尊厳を維持する権利

4　心身の状況に応じた介護

⑴　介護の定義

　2007（平成19）年に、介護福祉士の定義が「入浴、排泄、食事その他の介護」から「心身の状況に応じた介護」に変更されました。このように、介護は多様化する高齢者や障害者の生き方や生活全般を支え、自立に向けた支援をするということになります。

解説
社会福祉士及び介護福祉士法等の一部を改正する法律（法律番号：平成19年法律第125号／公布年月日：平成19年12月5日）

⑵　自立に向けた介護方法

　介護者の腰痛予防への的確な対処方法としては、①対象者の残存機能などを活用すること、②福祉用具を活用すること、③ボディメカニクスを活用することなどがあります。

①　対象者の残存機能などを活用すること

　残存機能とは、体に残されている機能のことです。障害によって体の機能が著しく低下をしていても、残された機能を活用することによって、日常生活を送る上で尊厳を保っていくことが可能となります。ただ、残存機能は使わないと徐々に低下していきます。介護者は援助を行う際には、対象者がもっている残存機能を伸ばすべく、適切な対応をしていくことが重要となります。

　対象となる高齢者がどのような状態であるのか、どこまで自分でできるのか、どのように介助すれば自分でできるようになるのかなど、介護者は常に考え、一人ひとりの状態にあった介護を行います。介護者は、対象者が日常何気なく行っている自然な動きを可能な限り促し助けます。その際、介護者も自然な動きで介助します。そして、できるだけその人のテンポに合わせます。

② 福祉用具を活用すること

自分で動くことが困難な高齢者の場合、福祉用具の活用によりできることが増え、生活が便利になります。また、介護者にとっても体の負担が軽減され、腰痛の防止につながります。

介護保険で福祉用具を利用するためには、要支援・要介護の認定を受ける必要があります。福祉用具には貸与（レンタル）できるものと購入できるものがあります。（→**スライド7・8**）

スライド7 介護保険によって貸与できる福祉用具

| 要支援1・2、要介護1 |
| 要介護2・3 |
| 要介護4・5 |

| ①手すり
（工事を伴わないもの）
②スロープ
（工事を伴わないもの）
③歩行器
④歩行補助つえ
（松葉づえ、多脚つえ等） | ⑤車いす
⑥車いす付属品
（クッション、電動補助装置等）
⑦特殊寝台
（ベッド）
⑧特殊寝台付属品
⑨床ずれ防止用具
⑩体位変換器
⑪認知症老人徘徊感知機器
⑫移動用リフト
（吊り具部分を除く） | ⑬自動排せつ処理装置
※［尿のみ吸引］
要支援1・2、要介護1〜5
［尿と便を吸引］
要介護4・5 |

解説

介護保険は、介護を必要とする状態となっても自立した生活が送れるよう、高齢者の介護を国民全体で支える制度です。また、介護を必要としない人に対しても、従来の生活を続けることができるよう、介護予防を通じて支援する仕組みでもあります。その際重要になるのが、自立を支えるための道具です。
さらには、介護をする人にとっても身体の負担を軽減することができ、腰痛などの予防対策にもなります。

スライド8 介護保険によって購入できる福祉用具

①	腰掛便座		和式トイレに置くもの・補高便座・ポータブルトイレなど
②	自動排泄処理装置の交換可能部品		自動排泄処理装置の尿や便の経路となる部品部分
③	入浴補助用具		入浴用いす・手すり・すのこ・移動台・介助ベルト
④	簡易浴槽		工事を伴わないもの・移動浴槽
⑤	移動用リフトのつり具部分		リフトに取り付けるつり具

解説

一般に、他人が直に触れたものや排泄の道具などは、リースの対象にはなりません。

福祉用具のうち、使い回しがふさわしくないものや消耗品については、介護保険の購入対象となっています。

「居宅サービス計画書（ケアプラン）」に基づいて介護保険を利用する場合、購入限度額は年間10万円まで、自己負担は１割〜３割です。なお、福祉用具の購入にあたっては都道府県の指定を受けている事業者より購入する、福祉用具専門相談員の助言を直接受ける等、介護保険適用の条件が定められているので注意が必要です。

解説

介護保険の適用により、40歳以上の利用者は１割、うち65歳以上の方は所得に応じ１〜３割を自己負担します。支払い方法は、いったん全額を支払った後に費用の９割（一定以上の所得者は８割または７割）が介護保険から払い戻される「償還払い」となります。

③　ボディメカニクスを活用すること

ボディメカニクスとは、身体の骨格や筋、内臓などの各系統間における力学的相互関係を示す人間工学の用語です。このボディメカニクスの原理を使うことで、相手も介護者も安全で安楽に日常生活や支援を行うことができます。(→スライド9)

解説

ボディメカニクスとは、姿勢を安定させて最小限の労力で要介護者を支えたり、動かしたりすることができる介護技術です。

スライド9　ボディメカニクス―自力を引き出す視点―

身体の骨格や筋、内臓などの各系統間における
力学的相互関係を示す人間工学の用語

スライド10　ボディメカニクスの≪８つの原則≫

1. 重心を近づける
2. 重心の位置を低くする
3. テコの原理を活用する
4. 支持基底面積を広くする
5. 重心の移動をスムーズにする
6. 対象を小さくまとめる
7. 大きな筋群を使う
8. 広い空間で効率よく行う

1．体位変換などの時は、相手の体を小さくまとめ、摩擦となる場所はできる限り減らします。（→**スライド11**）

スライド11 摩擦の起きやすい場所

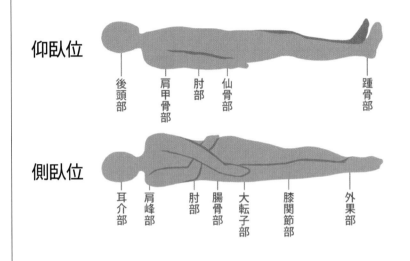

2．水平方向に回転させる時は、てこの原理などを利用します。
3．作業中ベッドの高さを調整し、介護者の腰の負担を軽減します。
4．ベッドや車いすなどに付いている邪魔な部品を取り外して、なるべく対象者に近づきます。

解 説
摩擦の置きやすい場所＝体重の圧がかかりやすい場所＝褥瘡ができやすい場所になります。また、体位変換時にも摩擦をなくし、小さな力でできるようにするためには、どこに圧がかかっているかを理解することで、介護者の負担、対象者の負担が少なくなります。

39

5．介護者は膝を曲げて重心を下げ、体重の移動で相手と一緒に動きます。（→スライド12）

スライド12　介護者の動き

なるべく対象者に近づきます

6．介護者は身体をひねらないように、常に鼻と両足のつま先が身体の動きと同じ方向に向くよう心がけます。

第**3**章

基本的な介護の方法
（入門講座10時間）

第3章ポイント

高齢者の特性を踏まえた日常生活の支援について、具体的な方法を学びます。
安全に配慮し、残された能力を最大限に活用した支援の方法、さらにはこれまで培ってきた生活様式を変えることなく、できるだけ今まで通りの生活を送れるような支援の方法を学びます。

1 介護とは

　人は生まれた時からしばらくは依存した生活を送り、その後自立から社会参加へと成長発達します。そして、食事をする、排泄するなどの基本的欲求（＝生理的欲求）を満たすことで、高次の欲求である自己実現へ向かう余裕が生まれます（マズローの基本的欲求5段階説）。（→**スライド1**）

　しかしながら、高齢になり日常生活を送ることが不自由になると、再び「生理的欲求」が満たされなくなります。そのような状態になった人に対して、その人のできる力を助けながら、なるべく自分でできるように支援することが、介護の技術になります。

　生活の自立とは、本人が主体的に生きることで個性が発揮できることです。そのことを踏まえると、介護とは「その人らしく生きることを支援する」ことであり、「主体は介護を必要とするその人だということを忘れてはならない」ということでもあります。（→**スライド2**）

解説

アメリカの心理学者、アブラハム・マズロー（1908～1970）が提唱した説で、人間が本質的に求めている欲求を5段階で現しています。呼吸や排泄、食事など生命維持に関わる「生理的欲求」を最も低次な欲求とし、これが満たされると、身の安全や他人への依存といった「安全の欲求」、さらには孤独や追放状態を避ける「所属と愛の欲求」、認められたいと強く願う「承認欲求」、そして、世の中の役に立ちたいという「自己実現の欲求」と、段階的に欲求が湧いてくるというものです。

スライド1　　マズローの基本的欲求5段階説

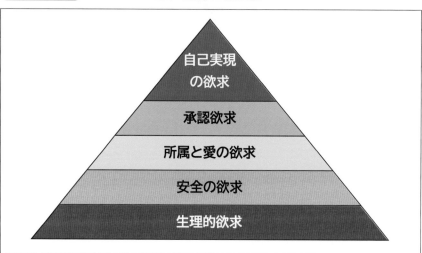

解説

第2章で学んだように、介護が必要な高齢者には、尊厳と自立支援を念頭に置いて、生活支援を行います。本人の思いを導き出し、1日、1週間、1か月、1年、一生のリズムを、その人らしく流れるよう支援します。そのためにも、高齢者の特性や起こりやすい症状を理解しましょう。

スライド2　　介護とは

＊介護が必要な人の生命を守り、その人が主体的に生活できるよう支援する
＊利用者の生活の流れが止まらないよう、その人の生活のリズムを支援する

生活の支援

2 介護を必要とする人の理解

⑴ 老化とは

老化はこの世に生を受けた時から始まり、誰でも避けることのできない自然現象です。一説によれば、酸素を取り込むことによって体内のあらゆるものに老化現象が起きるともいわれています。酸素がなくては生きていけない人間にとっては、実に皮肉なことです。（→**スライド3**）

スライド3 老化とは

目が見えなくなる・耳が聞こえなくなる・腰が曲がる
物忘れが増える・尿が出なくなる・肌がたるむ
手元がくるう・関節が痛む・歯が抜ける・すぐ息切れする・シミが出る　など

なぜ老化するの

解説

老化は生理的現象であり、誰にでも訪れるものです。老化の原因は、酸素を吸って生きていくから、生まれた時から遺伝子に組み込まれているから、細胞分裂の回数が決まっているから、など諸説ありますが、いずれにせよ、前向きに受け入れ生きていくことが大切です。

⑵ 高齢者は何歳から？

日本をはじめ世界の多くの国では、高齢者の年齢を65歳からとしています。しかし、元気で活動的な高齢者の増加や平均寿命の伸長などにより、高齢者に対する年齢区分の認識が大きく変化しています。2014（平成26）年度に内閣府が実施した「高齢者の日常生活に関する意識調査」によると、高齢者は何歳からだと思いますかという質問に対し、「70歳以上」と回答した人が29.1%と最も多く、次いで「75歳以上」が27.9%、「80歳以上」が18.4%の順でした。

(3)　老化に伴う外見の変化

　　人は年齢を重ねるにつれ、外見も変化します。神経系の機能低下や骨、関節、筋肉などの変性によって姿勢が変化していきます。これにより、歩行障害や転倒などが起きやすくなります。(→スライド4)

解説

老化によって、全身の筋肉量や筋力が低下しやすくなります。また、骨密度や骨量も減少しやすく、その影響で姿勢に変化が生じます。これまでの姿勢のくせが、高齢になると出てきます。前かがみで仕事をしていた人は円背（えんぱい。猫背）になりやすいので、日頃から背筋を伸ばすよう気をつけましょう。

スライド4　老化に伴う外見の変化

姿勢の変化

姿勢を保つ力が退行

最大筋力は20歳前半がピーク
80歳代では60％に低下

下肢の筋群の方が早くから低下

解説

「随意運動」
自分の意志で動かす
例：骨格筋など
「不随意運動」
自分の意志では動かせない
例：心臓など
運動機能障害の原因となる一番多い病気は、「脳血管疾患（障害）＝脳卒中」です。また、普段から体を動かさないことで起こる「廃用症候群（はいようしょうこうぐん）＝生活不活発病」が起こりやすくなります。

　　外見の変化や脳の機能障害から、運動機能にも障害が起きやすくなり、その状態によっては日常生活を送ることが不自由になることもあります。(→スライド5)

スライド5　運動機能障害の症状

＊筋萎縮　－　筋肉がやせてくる

＊関節拘縮　－　関節の動きが悪くなる

＊変形　　　－　身体の各部分の形態に異常が起こる

＊麻痺　　　－　筋肉の収縮力が低下して運動
　　　　　　　　（随意運動）ができなくなった状態

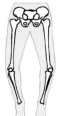

正常な膝　　内反膝（O脚）　　外反膝（X脚）
膝の変形

脳卒中の予兆（腕の麻痺）

さらに、慢性の病気にかかりやすく、治る前にまた新たな病気を引き起こす、症状が定型的に現れないために発見が遅れる、薬の副作用が出やすいなどの悪循環が起きます。

(4) 高齢者に多い病気や症状
① 骨粗鬆症
カルシウムの摂取や運動、日光に当たる時間の不足などにより骨の密度が低下する病気で、閉経後の女性に多くみられることも特徴です。骨がもろくなるので骨折しやすくなります。（→スライド6）

スライド6 骨粗鬆症

骨の中には骨芽（こつが）細胞と破骨（はこつ）細胞があり、これにより代謝している。

骨芽細胞と破骨細胞（イメージ）

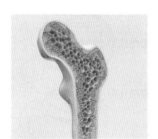

骨粗鬆症の骨

骨粗鬆症は
体質的（遺伝）要因 ＜ 環境因子

解説
骨芽細胞（こつがさいぼう）と破骨細胞（はこつさいぼう）のバランスにより、骨の中にカルシウムが蓄積されていきます。骨の主な成分はカルシウムのため、この量が減少するのが、骨粗鬆症（こつそしょうしょう）です。女性ホルモンが影響するので、閉経後の女性に多く現れます。予防にはカルシウムの摂取と、その蓄積を助ける紫外線を適度に浴びるなどの対策が効果的です。

② 変形性膝関節症
50歳～70歳代の肥満傾向の女性に多く発症します。症状としては膝の痛みがありますが、安静にしていると痛みは軽減します。足の形はがに股や〇脚になり、関節の腫れにより動きが悪くなります。（→スライド7）

解説
膝の関節軟骨の老化などで、骨への負担が大きくなり、痛みや腫れなどの症状が出ます。グルコサミンが低下して起こることから、内服や注射により補うことで、症状が軽減します。

スライド7 変形性膝関節症

・エレベーター・エスカレーターの使用
・杖の使用
・温水プールで歩行訓練

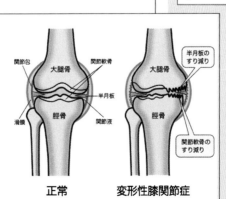

正常　　変形性膝関節症

③　骨折

骨がもろくなることで骨折しやすくなります。

しりもちをつくと「大腿骨頸部骨折」「脊椎圧迫骨折」、手をつくと「橈骨遠位端骨折」などが起こりやすくなります。（**→スライド8**）

スライド8　骨折

だいたいこつけいぶこっせつ

大腿骨頸部骨折

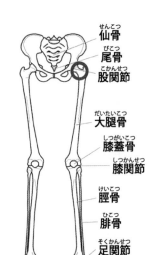

- 仙骨（せんこつ）
- 尾骨（びこつ）
- 股関節（こかんせつ）
- 大腿骨（だいたいこつ）
- 膝蓋骨（しつがいこつ）
- 膝関節（しつかんせつ）
- 脛骨（けいこつ）
- 腓骨（ひこつ）
- 足関節（そくかんせつ）
- 足骨（そっこつ）

とうこつえんいたんこっせつ

橈骨遠位端骨折

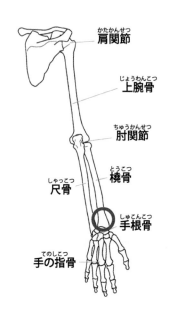

- 肩関節（かたかんせつ）
- 上腕骨（じょうわんこつ）
- 肘関節（ちゅうかんせつ）
- 橈骨（とうこつ）
- 尺骨（しゃっこつ）
- 手根骨（しゅこんこつ）
- 手の指骨（てのしこつ）

せきついあっぱくこっせつ

脊椎圧迫骨折

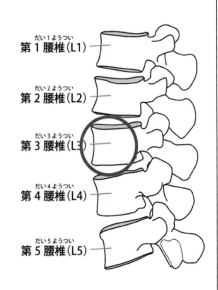

- 第1腰椎（L1）（だい1ようつい）
- 第2腰椎（L2）（だい2ようつい）
- 第3腰椎（L3）（だい3ようつい）
- 第4腰椎（L4）（だい4ようつい）
- 第5腰椎（L5）（だい5ようつい）

解説

高齢者は、思いもよらず転倒する、しりもちをつくなどのアクシデントに見舞われやすくなります。その際に起こるのは骨折で、しりもちをついた時に骨折しやすい場所は、脊椎圧迫骨折（せきついあっぱくこっせつ）と大腿骨頸部骨折（だいたいこつけいぶこっせつ）です。また、前に転んで手をついた時に起きやすいものに、橈骨遠位端骨折（とうこつえんいたんこっせつ）があります。

3 コミュニケーションの方法

　イメージしてください。あなたは言葉が話せません。でも自分の気持ちを相手に伝えたい。さて、あなたならどうしますか。何とか自分の思いを伝えるために、身振り手振りで伝えようとするのではないでしょうか。例えば「私」を示す時、自分を指さしたり自分の胸に手を当てたりします。「あなた」を示す時、相手を指さすか相手に手を向けます。これは万国共通の一連の動作になります。

（→スライド9）

スライド9　コミュニケーション支援用絵記号

| わたし | あなた | 感謝する | 助ける |

【絵記号による意思伝達の例】

朝起きたら、顔を洗って歯を磨いてください。

出典：内閣府資料に基づき作成

解説

人間が言葉を獲得してから、言語によるコミュニケーションが一般に行われています。それを言語的コミュニケーションといいますが、実は相手に伝わりやすいのは、言語ではなくそれに付随して起こる、非言語的コミュニケーションなのです。言葉は、思っていることとは違うことを言ってごまかしてしまうこともありますが、非言語的コミュニケーションである、表情やジェスチャーは正直な気持ちが現れやすいのです。そのことを理解し、高齢者とのコミュニケーションは非言語的コミュニケーションを意識して行いましょう。また、絵や図で示されたコミュニケーション方法も効果的になります。

また、私たちは日頃から話をする時、言葉のみで話しているつもりでも、声のトーンや表情、姿勢、身振り・手振り、相手との距離間など、言語以外に多くの事柄を交えてコミュニケーションをとっています。これを言葉などの「言語的コミュニケーション」に対し「非言語的コミュニケーション」といいます。介護支援の場では、この言葉ではない意思表示がとても役に立ちます。（→**スライド10**）

解説

話し言葉や書き言葉、手話など

スライド10　言語的コミュニケーションって何？

> # 言語的コミュニケーションって何？
> ・ 話ことば、話の内容、手話
>
> # 非言語的コミュニケーションって何？
> ・ 身振り・手振り・表情・声のトーンなど、実際の話の内容以外の部分で発する情報

コミュニケーションを語る上で有名な概念として、「メラビアンの法則」があります。この法則は、会話の際に何が一番影響力をもつかを研究したもので、その割合は高い順に視覚情報（見た目・表情・動作など）が55％、聴覚情報（口調や話の早さなど）が38％、言語情報（話の内容）が7％という結果が示されています。（→**スライド11**）

解説

非言語的（ノンバーバル）コミュニケーションとメラビアンの法則は共通点があります。
それは、言葉よりも非言語が大きな意味を有していることです。

スライド11　メラビアンの法則

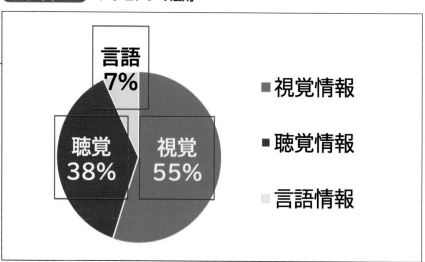

言語
7%

聴覚
38%

視覚
55%

■ 視覚情報
■ 聴覚情報
□ 言語情報

(1) 相手を受容すること

受容とは、相手をあるがままに受けいれることです。介護支援では絶えず相手の気持ちに寄り添うことが大切になります。ただ、あるがままといっても、相手の言葉や態度をすべて肯定的にとらえるということではありません。相手が話すことや行動することに対して、拒絶したり、無視したり、否定したりせず、耳を傾けて心を寄せ、「あなたの話を聴いていますよ」という態度や姿勢を示すということです。
（→スライド12）

スライド12 相手に好感をもたれる姿勢

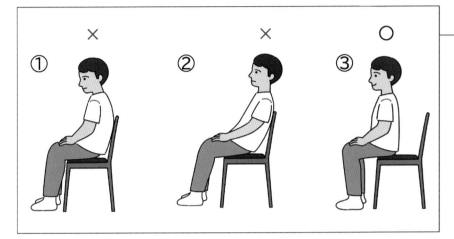

解説
介護施設で利用者とコミュニケーションをとる時、その目的には信頼関係を築くということもあります。相手に好印象をもってもらうためには、介護者の姿勢や服装、表情（笑顔）などにも気をつけます。

(2) 相手に共感すること

共感とは、相手の価値観や考え方を尊重することです。そうすると相手は自分自身に「自尊感情」をもつことができ、日々の暮らしに満足感を得て、こちらに心を開いてくれるようになります。そして、介護支援を通してお互いに、自分の人生を肯定的にとらえられ、良好な関係性を保つことができます。（→スライド13）

スライド13 やってみよう！「共感的態度」

二人一組で向き合います。
1人が自分のことを話します。

[1回目]相手の方は、ただ黙ってお話を聞いていてください。

[2回目]相手の方は、頷いたり、相づちを打ったり、質問したりするなど、興味を示してみましょう。

終わったら、感想を話し合ってください。

解説
演習として体験してみましょう。1回目と比べ、2回目はより共感的な接し方となります。特に、相手の話に頷くことは自分自身の魅力が40%アップするといわれています。

解 説

「客観的情報」
事実に基づいた情報
例：熱っぽい→体温計で測ったデータ
「主観的情報」
介護者が感じた情報
例：何となく元気がない

解 説

「開かれた質問」＝オープン・クエスチョン
自由に答えられる質問
例：今日のお昼ご飯は何にしますか？
「閉じられた質問」＝クローズド・クエスチョン
はい、いいえで答えられる質問
例：頭が痛いですか？

考えてみよう！

演習としてイメージしてみましょう。
オープン・クエスチョンで質問し答えてみましょう。
クローズド・クエスチョンで質問し答えてみましょう。

(3)　コミュニケーションの基本的技術

　コミュニケーションの基本的技術は、相手を観察し情報を得ることと、その情報をもとに相手に合わせたコミュニケーション方法をとるということです。絶えず相手の立場に立って考えます。

　コミュニケーションの方法に正解はありません。ルールやマニュアルがあったとしても、場面や相手によって柔軟に変えていかなければならない時もあります。マナーや良識を守ることは大切ですが、そこに「自分ならではのもの」を加え、自分の魅力を引き出すことで、相手との信頼関係をより深くすることができることもあります。これまで自分が経験してきたこと、学んできたこと、育んできたこと、すべてがコミュニケーションに活かされます。（→**スライド14・15**）

スライド14　考えてみよう！「オープン・クエスチョン」

スライド15　考えてみよう！「クローズド・クエスチョン」

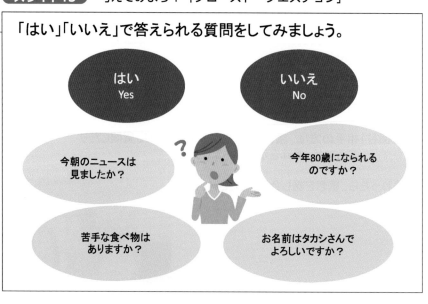

4 移動介護の方法

　人はトイレに行く時、お風呂に入る時などあらゆる生活場面で、まず移動して目的を果たします。この移動動作が自分でできればよいのですが、いろいろな事情でできなくなった時、ほかの日常生活への影響も出てきます。まず、自分の力をできる限り使ってもらい、福祉用具などを活用することも視野に入れて、いつでも行きたいところへ安全に行けるように支援をします。

≪1日の流れでの移動・移乗動作≫
- ■ベッド（布団）から起き上がる＝仰臥位（仰向け）側臥位（横向き）腹臥位（腹ばい）
- ■トイレに行く＝歩行〜座位
- ■洗面所に行く＝歩行〜立位
- ■キッチンで食事をする＝歩行〜座位
- ■外出する＝歩行
- ■仕事を始める＝歩行、座位、走る、立位など
- ■お風呂に入る＝歩行
- ■ベッド（布団）に入り睡眠する＝仰臥位（仰向け）側臥位（横向き）腹臥位（腹ばい）

(1)　起床

　私たちは寝ている間に自然と体位（姿勢）を変化させ（寝返り）、長時間身体の一部だけに圧迫が加わらないようにしています。この動作を自分でできない寝たきりの人の場合は、およそ2時間ごとの体位変換をします。また、スムーズに起き上がるために、人は重心を移動させていますが、介護する際にはこの動きを妨げないようにします。
（→スライド16）

スライド16　起床

起き上がり
　ベッド上での寝返り
　　（ぎょうがい）（そくがい）（ふくがい）
　仰臥位・側臥位・腹臥位
　自然な起き上がり姿勢
　　　　　　　　（たんざい）
　仰臥位〜側臥位〜端座位

(2)　座位姿勢と立ち上がり

　　座位姿勢は様々な生活動作に適しており、筋肉の疲労や持続圧迫による血流の障害を防ぎます。しかし臀部（お尻）への圧迫は大きいので、座位時間の限度は1時間半位を目安とし、時々お尻を浮かせるなどの支援をします。その際は危険のないように、両足底が床についているか、安定した状態であるかなどを確認します。（→スライド17）

解説

座っている姿勢にもいろいろな言い方があります。ベッドの端に座った状態を端坐位といいます。椅子に座った状態を椅坐位といい、30度〜45度上半身を上げ寝ている状態を半坐位といいます。端坐位や椅坐位の場合は、安定した座位姿勢「深く腰掛けているか・膝は90度（直角）に曲がっているか・足底は床についているか」などを確認します。半坐位の場合は、腰からお尻にかけて、皮膚と筋肉のずれから褥瘡（じょくそう）＝床ずれになりやすいので、長時間同じ姿勢を保つことは避けましょう。

スライド17　座位姿勢

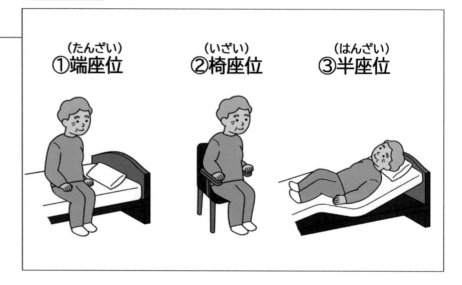

① 端坐位（たんざい）　② 椅坐位（いざい）　③ 半坐位（はんざい）

解説

高齢者施設などでの入所者の骨折の原因は、ベッドからの立ち上がり時にずり落ち、しりもちをついてしまうことで発生しています。

　　椅子や何かから立ち上がる際は転倒に注意します。立ち上がる時はその人のリズムを妨げないように、介護者は立ち位置に注意して立ち上がってもらいます。（→スライド18）

スライド18　安定した立ち上がり

解説

膝より足が前に出ていると立ち上がれません。少し前に出てもらい、前かがみになることで重心が移動し、膝が前に出て立ち上がりやすくなります。急に立ち上がると「めまい」や「立ちくらみ」が起きやすいので、ゆっくりと行います。

自然な立ち上がり姿勢
浅く腰かけ、足は膝より後ろへ引き、頭を前傾し股関節を曲げ体幹を伸ばす

足を引き前かがみになり

膝を押すようにして

立ち上がる

(3) 立位

　立位は移動する際の最初の状態です。しっかり安定した立位がとれるか確認します。下腿（ふくらはぎや足の甲）に血液がたまりやすいので、長時間の立位は身体への負担が大きくなります。立位時は圧中心点が両足底の内側にあることを確認します。（→**スライド19**)

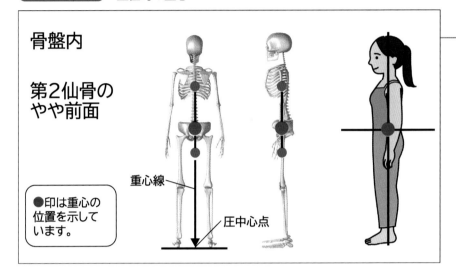

骨盤内

第2仙骨の
やや前面

●印は重心の
位置を示して
います。

重心線

圧中心点

解説

立ち上がったら、しっかり前を向いてもらいます。その際少し足を開いてもらうと、安定した立位をとることができます。重心を支持基底面にしっかり入れましょう。

(4) 歩行

　人は2足歩行をする際、片足を床につけもう片方は空中に浮いている状態で歩いているので、重心のバランスをくずしやすくなります。高齢者の場合の歩行は、特に気をつけて見守ります。
（→**スライド20・21**)

スライド20　歩行

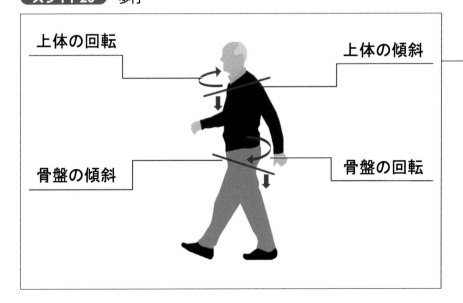

上体の回転

上体の傾斜

骨盤の傾斜

骨盤の回転

解説

歩行ではどちらかの足が必ず浮いているので、重心が基底面から外れてしまい、バランスを崩しやすくなります。筋肉量が減少し、筋力の低下や、身体機能が低下した状態を「サルコペニア」といいます。具体的には、歩くのが遅くなる、手の握力が弱くなるなどといった症状が現れるようになります。

解説

このような高齢者の歩き方を実際やってみましょう。歩幅の減少は、主に股関節、膝関節の可動域が狭くなることで起こります。
筋力が衰え、足を持ち上げるのが難しくなります。また、支持基底面に重心を置くことが困難になりバランスを崩しやすくなることから、転倒のリスクが高くなります。

スライド21　歩行の変化

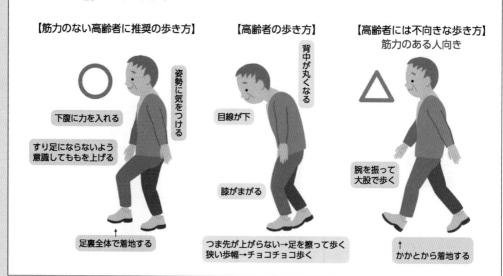

関節の可動域が狭くなる➡ 歩幅が減少する
筋力の低下➡ すり足になる
バランスを崩しやすくなる

【筋力のない高齢者に推奨の歩き方】　【高齢者の歩き方】　【高齢者には不向きな歩き方】
　　　　　　　　　　　　　　　　　　　　　　　　　　　　　　　　　　　　　　　筋力のある人向き

姿勢に気をつける
下腹に力を入れる
すり足にならないよう意識してももを上げる
足裏全体で着地する

背中が丸くなる
目線が下
膝がまがる
つま先が上がらない→足を擦って歩く
狭い歩幅→チョコチョコ歩く

腕を振って大股で歩く
かかとから着地する

解説

第5章「1 身体障害」参照

　歩行のための福祉用具を適切に用いると、痛みや筋力の低下、麻痺、変形、拘縮などで歩けない人、不安定な歩行の人が独歩や介助歩行ができるようになります。（→**スライド22**)

解説

福祉用具は、その使い方で自立した生活を送ることができます。しかし、使い方を間違えると危険なものになる場合もあるので、使用方法をよく理解して使いましょう。

スライド22　歩行のための福祉用具

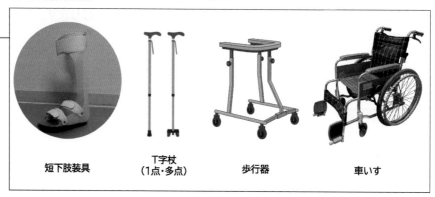

短下肢装具　　T字杖（1点・多点）　　歩行器　　車いす

　全身の筋力が低下した高齢者のために、座った姿勢のまま移乗する座位移乗では、福祉用具を使うと楽に移乗ができます。また、これにより介護者の腰痛の予防にもなります。相手の身体機能、介護者の能力、環境などによって、いろいろな用具の中から選び、適切な方法、条件に合った技術で行います。（→**スライド22・23**)

スライド23　座位移乗

自分でお尻を浮き上がらせない場合は、スライディングボードを使って滑らせる
高い位置から低い位置へ

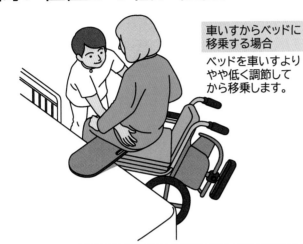

車いすからベッドに移乗する場合

ベッドを車いすよりやや低く調節してから移乗します。

スライディングボードの一例

出典：パラマウントベッド株式会社

> **解 説**
>
> スライディングボードを使うためには、車いすはアームサポートが外れる、モジュラー型の車いすになります。車いすからベッドに移乗する場合は、ベッドを車いすよりやや低くして、すべらせるように移乗します。

スライド24　やってみよう！「椅子からの立ち上がり」

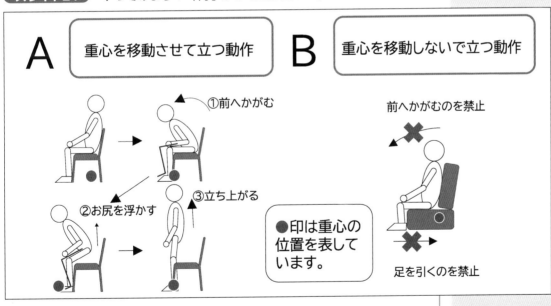

A 重心を移動させて立つ動作

①前へかがむ
②お尻を浮かす
③立ち上がる

●印は重心の位置を表しています。

B 重心を移動しないで立つ動作

前へかがむのを禁止

足を引くのを禁止

> **やってみよう！**
>
> 演習として体験してみましょう。
> Aは足の位置や重心について理解します。
> Bは前かがみと足の動作を禁止して立ち上がれるかを体験します。

5 身じたくの介護の方法

「身じたく」の意味は、「ある行動の準備として身なりを整えること」とあります。これは脳の高次機能が正常に働くことによって行われる、人間ならではの行為です。高次脳機能とは、人間独自の高度な脳の働きのことで、目的を持って行動したり、見聞きしたことを記憶したり、言葉で表現したり、情緒をコントロールしたりする能力をさします。私たちは日頃何気なくやっていますが、それは、身体的にも精神的にも、社会的にも満足した状態だからこそできる行為だともいえます。身じたくを整えることも、脳の高次機能のおかげでできる行為なのです。（→スライド25）

> **解説**
>
> 人間を人間らしく　高次の精神機能
>
> 前頭連合野　人がものを考えるところ
>
> ネコ　イヌ　アカゲザル　ヒト

> **解説**
>
> 社会生活を送る人間にとって、身じたくは大切です。介護では、活動的に生活してもらい、健康な生活を送れるよう、身じたくを整える支援をします。

スライド25　身じたくのもつ意味

身じたくを整えるために必要なことは？

- 着替え
- 洗顔、歯みがき、ひげ剃り、化粧、整髪
- 服装を整える
- 入浴・洗髪
- 爪切り　　　　etc.

高齢になると出かけることもおっくうになり、誰とも会わずに過ごすことが多くなりがちです。身じたくへの動機づけをして生活の質の向上を図ることで、日常生活の質向上につながります。（→スライド26）

スライド26　身じたくを整えることの効果

> **解説**
>
> 高齢者でもその人その人に個性があることを忘れずに、その人の過ごしてきた生活歴があることを理解し、個々人にあった身じたくの支援をします。

身じたくを整えることで得られる効果は？

- 体温調節
- 皮膚を守る
- 心身の機能の維持・向上が保てる
- 安全で快適な生活行動がとれる
- 生活にメリハリがつく(区切り)
- 身だしなみとしての自己表現(個性を出す)
　　　　etc.

(1) 着替え

衣服を着る介助には、相手への事前の確認が必要です。手足は動くか、どこかに痛み（麻痺）はあるか、姿勢の保持はできるか、着替えることに対して意欲はあるかなどの情報を得て、これからすることを説明し納得していただき、了解を得ます。痛みや麻痺がある場合は、脱健着患の原則により衣服を着脱します。（**→スライド27・28**）

スライド27 着替え（着脱）

脱健着患＝脱ぐときは健側（自由に動く側）から
（だっけんちゃっかん）　着るときは麻痺側（麻痺や拘縮があり自由に動かせない側）から

解説

普段何気なく行っている衣服の着脱ですが、結構体力を使う行為です。体力が低下している高齢者の場合、なるべく体力を使わず着替えられるような支援をします。その際相手を焦らせるような声かけは控え、相手のペースに合わせた支援を行います。

スライド28 やってみよう！「衣服の脱ぎ着の介助（脱健着患）」

やってみよう！

演習として体験（自力）してみましょう。
利き手を麻痺側として、肘の角度は90度からの屈曲のみOK（伸展不可）で、手指は握ったままとします。
セオリー通りに実践したあと、セオリーを無視した動作で行うことで、脱健着患が道理に合っていることを理解します。

(2)　洗顔

　皮膚は人体の中で最大の臓器といわれ、皮下細胞の組織を加えると体重のおよそ15％を占めています。皮膚の一番外側にある「表皮」のさらに一番外側の「角質層」は、手洗いや洗顔などで毎日はがれていきます。この部分は、外部から細菌や化学物質など体に害を及ぼすものの侵入を防ぐ役割や、体内の水分などが体外へ逃げないようにするなどのバリア機能も備えています。（→**スライド29**）

スライド29　　皮膚の働き

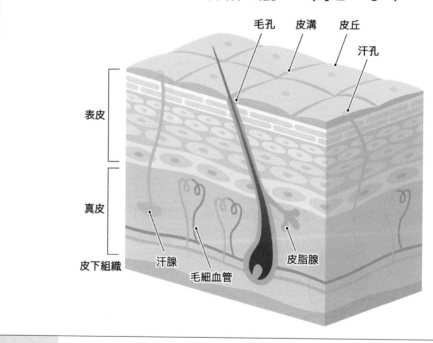

高齢になると皮膚が乾燥しやすく、滑らかさが失われることでかゆみなどが起きやすくなります。ゴシゴシこすったり熱いお湯を使ったりすることはもちろん、刺激の強い石鹸の使用などは避けたほうが良いでしょう。特におむつを使用されている場合は、蒸れることで皮膚のトラブルを招きやすいので、排尿、排便時にはすぐに取り換え清潔に保ちます。（→**スライド30**）

スライド30 高齢者の皮膚のトラブル

高齢になると…

□皮発汗・皮脂分泌の低下
　＝乾燥肌（ドライスキン）、かゆみ、炎症

□毛髪の変化（頭皮の血流低下）
　＝抜け毛、白髪

□爪の変化（指先の毛細血管が減少）
　＝硬い、もろい、肥厚（腫れて厚くなる）

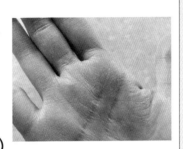

解説

年を重ねると、血液循環の低下（血液は全身の細胞に酸素や栄養素を供給する）から、身体のいろいろな場所が今まで通りに機能しなくなります。肌は乾燥しやすく、髪は白く抜けやすくなったり、爪はもろくなったりします。入浴マッサージなどにより、指先や頭皮の血行を良くしましょう。

（3）　歯磨き（口腔ケア）

　口腔は歯や歯肉、舌などがあり、「食べる」「呼吸する」「話す」など生命の維持や人間らしい暮らし、表情をつくる器官として大切な役割を担っています。

　歯磨きは歯の表面や舌、粘膜についた汚れや細菌を洗い流し、虫歯や歯周病を予防してくれます。また、自浄作用がある唾液の分泌量も増加させます。身体機能が衰えて唾液の分泌量が減少している高齢者の口腔内は自浄作用が低下している状態ですので、意識して口腔ケアを行うよう介助し、口の中を清潔に保ちます。（→**スライド31**）

スライド31 高齢者にみられる歯ぐきの特徴

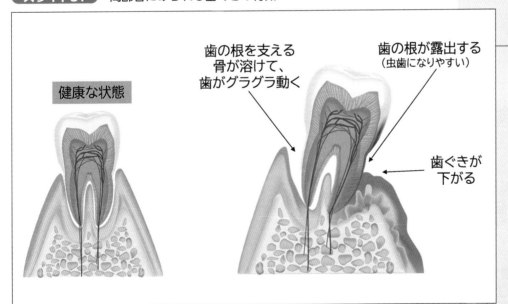

健康な状態

歯の根を支える
骨が溶けて、
歯がグラグラ動く

歯の根が露出する
（虫歯になりやすい）

歯ぐきが
下がる

解説

人間はおよそ6か月位から歯が生え始め（乳歯20本）、6〜8歳頃から生え変わりが始まり、永久歯は28〜32本になります。80歳まで20本の歯を残すためにも、日頃の口腔ケアや歯磨きは非常に重要です。
口腔ケアをおろそかにしていると、寝ている間に細菌まじりの唾液を誤嚥して、肺炎を引き起こすこともあります（誤嚥性肺炎）。寝る前の歯磨きはとても大切になります。

6 食事の介護の方法

　食べることは健康に生きていく上で欠かせない行為です。が、普段の生活においては、おいしいものをたくさん食べたいけれど食べ過ぎると体重が増えて健康に悪いとか、何を食べてもおいしくないなど、精神的なストレスになっていることもあります。「口から食事ができる」ことがどれだけ幸せか、改めて考えてみましょう。(**→スライド32**)

解説
尊厳のある食事とは、「死ぬまで口から食事をとることができる」ことといえます。高齢になると、咀嚼（そしゃく）や嚥下（えんげ）の機能が低下します。食べ物を飲み込むまでは自分の意思で行いますが、そのあとは自動（ぜん動運動）で流れていきます。飲み込む時に、誤って気管に入ってしまわないように注意します。

 スライド32　人間にとっての食事の意義

栄養素の摂取　免疫力を高める

「食べ物」や「食環境」と触れあう
五感を通して脳を刺激する

生きる喜び、楽しみ、
人間としての尊厳を保つ

　食欲は脳の視床下部でコントロールされます。また、食欲は5つの感覚（視覚・味覚・嗅覚・聴覚・触覚）や姿勢によっても影響されます。おいしく、満足した食事が摂れるように、これらに配慮した食事の介助をします。(**→スライド33**)

解説
食事は目で見て（視覚）、匂いを嗅いで（嗅覚）、記憶を呼び覚まし（おいしかった）、食欲が出てきます。五感を刺激することが大切です。

 スライド33　食欲のコントロール

食欲は脳の視床下部でコントロール

視床下部にある摂食中枢が
「脳にエネルギーが足りていない、補給せよ」
と命令を出す＝空腹感

食事を摂り血糖値が上昇すると満腹中枢が
「エネルギー量は十分、もう食べるな」
の命令を出す＝満腹感

視床下部

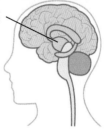

(1) 食事を構成する栄養素

人間の身体は細胞や筋肉、骨などで作られていますが、これらの組織は栄養素によって構成されています。栄養素とは、食べ物の中に含まれる様々な物質のうち、人間の身体に必要不可欠な成分のことをいいます。（→**スライド34**）

スライド34 身体を作る栄養素

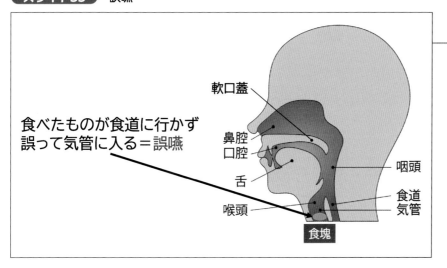

3大栄養素 / 5大栄養素	1 糖質（炭水化物や糖質）
	2 脂質
	3 たんぱく質
	4 ミネラル（無機質）
	5 ビタミン

生命活動の
エネルギー

身体の構造
成分になる

代謝を円滑
にする

解 説

脳が取り入れる栄養素は糖質のみです。過激な糖質ダイエットは、脳には悪影響を及ぼします。
細胞（人間の身体）はたんぱく質でできています。良質なたんぱく質の摂取が大切です。

(2) 食べる仕組み

私たちが普段行っている食事は、まず、食べるものを準備し、テーブルに並べて席につき、それから食べる行為が始まります。ここでも移動行為が欠かせません。椅子に座り、食べたいものから順番に口に入れていきます。そして、口の中でかみ砕き、舌を使って口の奥に送り込み、嚥下（飲み込む）を繰り返します。その後、食べたものや飲んだものは食道を通って胃に送られます。この時誤って気管に入らない（誤嚥しない）よう軟口蓋（口の奥の天井の部分）が鼻腔をふさぎ、気管のふたである喉頭蓋が閉じます。これにより、口の中のものが鼻や気管に入り込むことなく、食道から胃へと送り込まれるのです。（→**スライド35**）

スライド35 誤嚥

解 説

気管は食道の前にあります。飲み込む時、おしゃべりをしていたり、空気を吸い込んだりしていると、誤って気管に入りやすくなります。

食べたものが食道に行かず
誤って気管に入る＝誤嚥

軟口蓋
鼻腔
口腔
舌
喉頭
咽頭
食道
気管
食塊

(3)　食事の介助と誤嚥（ご　えん）の予防

　高齢になると、飲み込むまでの一連の動きに支障が起きやすくなります。これを嚥下障害（えんげしょうがい）といい、誤嚥の原因になります。飲み込みにくい、口から食物がこぼれたり残ったりする、よだれが出る、食べるのに時間がかかる、飲み込む前後や最中にむせたり咳き込んだりするなどの症状がでたら、誤嚥しやすいので気をつけましょう。

　食事の時の誤嚥の予防には、食べる姿勢も大切です。

（→スライド36・37）

解　説

食道の前にある気管の構造を理解し、食道にスムーズに入るよう高齢者の食べる姿勢を整えます。

スライド36　食事介助時の注意事項

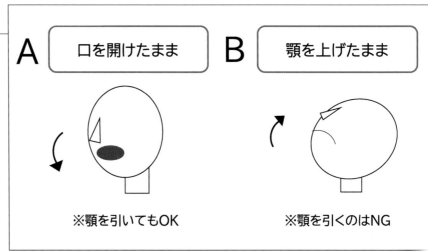

＊利用者のペースに合わせて、好みに配慮しながら主食や副食などを勧める

＊あごは引きぎみ、テーブルは低めで誤嚥に注意する

＊食事の前後には水分摂取を勧める

＊麻痺のある人、咀嚼力が低下している人は特に口の中に食べ物が残っていないか確認する

＊食後は口腔ケアを促す

立ったままの介助はダメ

やってみよう！

演習として体験してみましょう。
誤嚥の危険があるため、ゆっくり、無理しないように注意を払ってください。
Aは口を閉じる動作で嚥下機能も連動しやすくなることを体験します。
Bは顎を引くことが嚥下をスムーズにし、気管に入らないよう機能が働くことを体験します。口は閉じてもOKですが、「ごっくん」と音が鳴るくらいしっかりと飲み込みます。

スライド37　やってみよう！「水分の飲み込み」

A　口を開けたまま

B　顎を上げたまま

※顎を引いてもOK

※顎を引くのはNG

(4) 食欲の低下と脱水症

　人は年齢を重ねるにつれ、何らかの原因で「食欲がない」「食事がおいしく感じられなくなった」「たくさん食べられなくなった」といった訴えが多くみられるようになります。特に、活動や食欲が低下気味の高齢者の場合、基礎代謝によって生成される水分量も減少するため、脱水症に注意が必要です。

　人間の身体は、およそ60%が水分です。体重に占める水分の比率が15～20%低下すると生命の危機に陥ることから、高齢者や乳幼児の水分補給には十分注意します。(→**スライド38**)

解説

施設に入所している高齢者は、管理栄養士が栄養の管理をしています。自宅で生活している高齢者は、好きな時に好きなものを食べることができます。この状況を踏まえて、それぞれの良いところを活かした支援をします。また、意識的に水分を補給するよう促します。

スライド38　1日に必要な栄養量・1日に必要な水分量

1日に必要な栄養量

年齢	身体活動	男性	女性
18～29歳	Ⅱ（ふつう）	2,650	1,950
70歳以上	Ⅰ（低い）	1,850	1,450

1日に必要な水分量
　人間の身体は約60%が水分
　およそ2ℓ以上は水分を摂取したい

7　排泄の介護の方法

(1)　排泄とは

　　食べたものや飲んだものはどのようにして体に吸収され、そして排泄されていくのでしょうか。そのしくみを見ていきましょう。

　　排泄とは、身体に不要となったもの（老廃物）を体外へ排出することで、食事と同様に人間が生きていく上で欠かせない行為です。排泄物は、健康状態を知る上でとても大切なものなのです。（→**スライド39**)

スライド39　　排泄の仕組み

身体に取り入れた食べ物が体内で代謝され不必要となった老廃物は体外へ排出される

　＊腎臓からは尿
　＊消化管からは便
　＊肺からは二酸化炭素
　＊皮膚からは汗

(2)　排尿の仕組み

　　尿は脊柱の左右にひとつずつある腎臓で作られます。腎臓の中にある「糸球体」と呼ばれる部位で血液がろ過され、尿細管などで電解質や体に必要なものが再吸収されます。

　　最終的には、1日におよそ1,500〜1,800mlの尿が作られ、体外に排泄されます。（→**スライド40**)

スライド40　　尿ができるまで

腎臓で血液がろ過され膀胱に貯留
尿が150〜250㎖溜まると大脳に伝わり尿意を感じる
回数は
昼間3〜5時間に1回
夜間は0〜1回
これ以上回数が多くなることを頻尿という

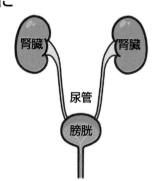

(3) 便ができるまで

　食べたものは食道から胃に入り、ここでいったんとどまって強い酸性の胃液とまざりドロドロになります。その後、十二指腸で胆汁と膵液という消化酵素とまざり、小腸で栄養素と水分、大腸で残りの水分が吸収され、便となって排泄されます。(→スライド41)

スライド41　便ができるまで

口⇒食道⇒胃⇒十二指腸
⇒小腸(栄養素と水分)
⇒大腸(水分)⇒直腸
⇒肛門

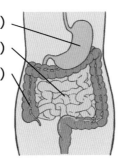

胃(消化)
小腸(消化・吸収)
大腸(水分の吸収)

1日から3日で便となって排出されるが、
このスピードが遅くなると便秘になり、
早くなると下痢になる

(4) 排泄行為

　排泄行為は、幼い頃から身についた生活習慣と、生活様式に沿って行われます。何の気兼ねもなく、トイレで排泄できることが人間らしさの基本です。また、排泄は自立生活の根幹をなすもので、排泄行為が阻害されると、他の生活行為の妨げにもなります。(→スライド42)

スライド42　排泄に関する動作

1. 尿意、便意を感じる
2. 端座位(椅座位)～立ち上がる
3. 立ち上がり～歩く
4. トイレまで移動～ドアを開ける
　(便器のふたを上げる)
5. ズボン、下履きを下ろし便座に座る
6. 排泄する～拭く
7. 便座から立ち上がり下履き、ズボンを履く
8. 流す、手を洗う

(5)　**排泄の介助**

　　若い頃は問題なくできていた排泄ができなくなると、本人はショックを受け、気持ちも沈んでしまいがちです。排泄は非常にプライベートな行為ですので、他人の手を借りなければならない状況は、自尊心を傷つけることにもつながりかねないことから、十分な配慮が求められます。
（→スライド43）

（→スライド43）

スライド43　排泄介助時の注意点

意思を尊重し、できない部分を支援する 快適で清潔な排泄環境を提供する プライバシーを確保する 尿意・便意を察し、言葉をかける 声をかけやすい態度で接する 安心・安楽・安全にできるよう支援する 排泄後の清潔を保持し、気持ちよいと感じてもらう

解説
排泄行為は日常生活動作の中で、人間の尊厳と自立支援に一番気をつけなければならない動作といえます。気持ちよく満足できる排泄行為になるように支援します。

　　家庭にある一般的なトイレに手すりなどをつけると、ひとりでできるようになれるかもしれません。トイレまで間に合わない、夜間は起き上がるのが大変などの場合は、近くにトイレがあると便利かもしれません。できることは何か、どのようにすれば自分でできるようになるのかなど、なるべく気兼ねなくできる方法を常に考えて介助します。
（→スライド44・45）

（→スライド44・45）

スライド44　排泄に関する福祉用具

ポータブルトイレ 　　立位は保てる、トイレまで間に合わない（夜間） 尿器、便器 　　起きあがることができない オムツ・尿とりパット 　　便意、尿意がわからない 　　便意、尿意があっても間に合わず下着を汚す

解説
排泄も食事と同様、死ぬまで今まで通り、誰にも見られず、ひとりで行きたい時にすぐ行けて、清潔なトイレで行いたいものです。おむつや尿とりパットは下着という感覚で、汚れたらすぐに取り換えるよう心がけましょう。

スライド45 考えてみよう！「排泄のトラブル（困りごと）」

・ 自分自身の失敗体験
・ 聞いたことのある失敗
・ 高齢者に起こりそうな
　排泄のトラブル（困りごと）

考えてみよう！

演習としてイメージしてみましょう。排泄に関するトラブル（困りごと）を各自で考えてみましょう。

8 入浴の介護の方法

　入浴は、身体をきれいにする以外にも、血液の循環を良くして新陳代謝を促進させる、疲れをとる、食欲増進や安眠をもたらす、気分転換やリラックス・ストレス解消になる、社会参加を促す機会となるなど、多くの効果があります。また、副交感神経を優位に働かせることで、免疫力の低下を予防します。（→スライド46）

解 説

自律神経の働き

交感神経と副交感神経

緊張状態　リラックス状態

相反する神経

スライド46 副交感神経の働き

副交感神経が優位になるように

心拍数
の減少　血圧値
の低下　発汗の
抑制

身体を休める

解 説

人間の体内には無数の神経があります。その中で、内臓の働きなどを調整してくれるのが「自律神経」です。自律神経が乱れると、心や身体に様々な支障が出ます。

自律神経は、昼間や興奮している時に活発になる「交感神経」と夜間やリラックスしている時に活発になる「副交感神経」があります。この2種類の神経がどう作用するかによって、心や身体の調子は変わります。こうした働きを理解して支援するのが介護です。

解説

気温の変化によって血圧が上昇・下降し、心臓や脳などの疾患が起こることをヒートショックといいます。

ヒートショックで亡くなった人の数は統計上明確には示されていませんが、2012（平成24）〜2013（平成25）年度の厚生労働省調査報告をもとに算出した推計では、病死等も含めた全国の入浴中の急死者数は年間約19,000人にのぼるとされています。

ちなみに、同時期の交通事故による死亡者数は3,410人です。

解説

ヒートショックは、特に冬場に暖房の効いたリビングから、寒い脱衣所に移動し裸になり、浴室に入る時などに起こります。寒さに対応するために血圧が上昇します。そこで衣服を脱ぎ、浴室へ入るとさらに血圧は上昇します。その後、浴槽に入ると、急に身体が温まるため、血圧が下降します。特に10℃以上の温度差がある場所は危険とされているので、温度差をなくすよう注意が必要です。

解説

ヒートショック現象に注意し、入浴の介助を行います。入浴前に体調の確認は大切です。体温の上昇は身体のどこかに感染症を起こしているサインなので、37.5℃以上の場合は入浴を控え、清拭か足浴に切り替えます。さりげなく皮膚や褥瘡の観察も行います。また、入浴の前後の水分補給によって、血液の粘稠度（ねんちゅうど）を予防することができます。

(1)　入浴の環境

　日常生活において背中やお尻など、普段目にさらされない部位の観察はできません。寝たきりの人の場合は、入浴介助の際などに、皮膚の状態や床ずれができていないかなどの観察を行います。

　その一方、水回りで裸になっている状態は足もとが滑りやすい上、脱衣場から浴室の温度差により体調の急変などが起きやすくなる（ヒートショック）ことから、できる限り温度差をなくすよう配慮が必要です。（→スライド47・48）

スライド47　ヒートショック

なるべく温度差をなくす

スライド48　入浴時の注意点

安全の確保
一般状態の確認（体温、脈拍など）
室温＝22±2℃程度
湯の温度＝38〜40℃程度
所要時間＝10〜15分程度
水分補給＝血液の粘稠度が増す
　　　　　（ねんちゅうど）

(2) 入浴の介助

　毎日の暮らしの中で、入浴を楽しみにされている高齢者も多くいらっしゃいます。身体が不自由になった方にとっては、浴槽へのまたぎ動作など不安定な姿勢になりやすく、転倒などの事故が心配されます。実際、家庭内での不慮の事故では「不慮の溺死および溺水」が「誤嚥等」「転倒・転落」に次いで多く、交通事故死より上位となっています。入浴動作の負担を軽くしてくれる入浴用品を選び、安心して快適な入浴ができるよう環境を整えましょう。(→**スライド49・50**)

スライド49　入浴行為の福祉用具

シャワーチェア・スライドボード・手すり・ボード
滑り止めマットなど

入浴環境の具体例
・シャワーチェア
・滑り止めマット
・手すり(縦・横)
・回転式移動ボード

スライド50　考えてみよう！「入浴のトラブル（困りごと）」

・自分自身の失敗体験
・聞いたことのある失敗
・高齢者に起りそうな
　入浴のトラブル(困りごと)

❾ 睡眠の介護の方法

　睡眠は脳に休息を与えエネルギーを蓄えるなど、明日からの活動のために不可欠なものです。脳の疲れは眠りでしか解消することはできませんが、生命維持を司る視床下部や延髄などは、生きている限り休むことはありません。ここが休んだ状態になると「脳死」と判定されます。また、寝ている間にストレスと戦うホルモンや、身体を成長させるホルモンが分泌されることから、睡眠時間はとても大切になります。（→**スライド51**）

解説

睡眠に関係するホルモンにメラトニンがあります。このメラトニンはサーカディアンリズムとも深く関係しています。朝の目覚めに太陽の光を浴びることで、メラトニンの分泌は抑制されます。そして、夜間になると多量のメラトニンが分泌され、入眠体制が整うということです。高齢者にとって、朝の目覚めの時カーテンを開け、日差しを浴びることでしっかりと目が覚め、夕方から徐々に穏やかな生活を送ることで、安眠へとつながります。

スライド51　夜になると眠くなり朝になると眠りから覚めるわけ

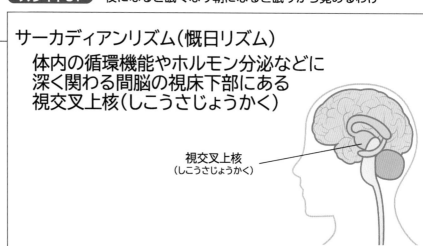

　睡眠の形は、レム睡眠とノンレム睡眠というまったく異なる2つの睡眠状態が繰り返し行われます。レム睡眠はピクピク眼球が動く眠りで、夢の多くはこのレム睡眠中に見るといわれています。ノンレム睡眠は眼球の動きがみられない深い眠りで、脳も休息している状態になります。

　高齢になるとノンレム睡眠が減って、レム睡眠が増えるようになります。そのために尿意やちょっとした音に目が覚めてしまい、睡眠障害が起きやすくなります。（→**スライド52**）

解説

眠りにおちてすぐに深い眠りのノンレム睡眠になり、次に浅い眠りのレム睡眠になります。レム睡眠時の脳は覚醒状態に近く、身体は弛緩します。夢を見るのはこの時が多く、体は弛緩していて動きません。意識があるのに動けない「金縛り」は、この状態の時になるといわれています。
ノンレム睡眠は深い眠りですが、体は動き、寝返りも打てます。成長ホルモンをはじめとするホルモン分泌なども、この時に行われています。このリズムは1回1時間半くらいで繰り返し、4〜5回繰り返すと、熟睡感と快適な目覚めが得られるといわれています。

スライド52　睡眠の形

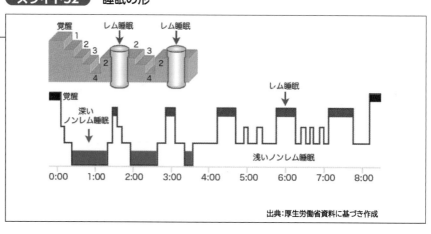

出典：厚生労働省資料に基づき作成

(1) 睡眠障害

　健康を維持するために、睡眠はたいへん重要です。なぜなら、免疫機能を強化したり、記憶を定着させるという役割をもっているからです。夜の睡眠が十分にとれないと、昼間の眠気やだるさ、集中力の低下などの症状が出て、日中の活動の妨げになります。高齢になるといろいろな睡眠障害が起きやすくなります。（→**スライド53**）

スライド53　高齢者の睡眠障害

不眠のタイプ	主な症状
入眠障害	寝つきが悪い
中途覚醒	寝てもたびたび起きる
早期覚醒	朝早く目が覚める
熟眠障害	よく寝たという気がしない

レストレスレッグス症候群
　下肢を中心とした「むずむず感」「痛痒さ」

解 説

高齢者の睡眠障害の形はたくさんあります。夜間よく寝ているようにみえても、よく眠れないという本人の訴えがあれば、良眠への支援をします。
とはいえ、夜になっていきなり「眠りましょう」では、誰でもすぐに眠ることはできません。朝起きてから、夜の眠りへのリズムを作ります。適度に身体を疲労させ、昼間楽しいひと時を過ごすことで、穏やかに眠りにつくことができるのです。

(2) 睡眠の介助

　安眠への誘いは、1日の生活リズムを整えることから始まります。毎日7時間から8時間の睡眠がとれるように支援することが大切です。入眠前に濃いお茶を飲んだり、空腹や満腹だったりすると、ますます寝つきは悪くなります。眠れない時などは、足浴や温かいミルクなどを飲むことで眠りにつきやすくなります。（→**スライド54**）

スライド54　睡眠の環境

状　況：寝つき、深さ、覚醒
時　間：いつ、何時間
状　態：身体面、精神面、生活面
温　度：夏25℃以下　冬15℃以上
　　　　寝床内温度33℃位
湿　度：60％程度
光　量：30ルクス位の間接照明 or 真っ暗
寝　具：ベッド、布団
寝巻き：パジャマ、スウェット、浴衣など

解 説

多くの人は眠りにつく時の習慣をもっています。また、眠る時の環境や衣服も好みがあります。個室での睡眠であれば問題ありませんが、他の人と一緒に寝るときは、なるべく一人ひとりがよく眠れるように支援することが本来望まれるところです。しかしながら、実際にはかなり難しい状況であることも確かです。

(3)　睡眠の福祉用具

　身体が不自由になった方に対しては、電動ベッドなどが便利です。介護保険制度でも介護度によって1割負担でリースができます。また、褥瘡の予防などにはエアーマットなどがありますが、自分で立ち上がることができる人にとっては、手をつくとぐらぐらするので向きません。安眠への介助はその人の好みもありますので、十分に話し合った上で使用することが肝要です。（→**スライド55・56**）

解 説

自分で寝返りが打てない人は心身の機能の低下から、褥瘡などができやすくなります。その予防のためにも、いろいろな福祉用具を使います。体位変換はおよそ2時間ごとに行わなければならず、家族の負担も多くなります。電動で寝返りを促すベッドも開発されています。

スライド55	睡眠の福祉用具

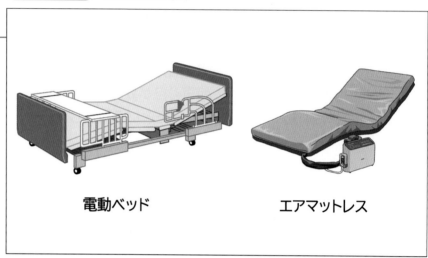

電動ベッド　　　　　エアマットレス

考えてみよう！

演習としてイメージしてみましょう。日常生活に関する事柄を各自で考えてみましょう。

スライド56	考えてみよう！「あなたの日常生活」

・食事は一日に何食食べる？
・何時に食べる？
・一番好きな食べ物は？
・睡眠時間は何時間？
・朝は何時に起きる？
・お風呂は週に何回入る？時間帯は？
・一日一回お通じ（排便）はある？

第4章

認知症の理解
（入門講座4時間）

第4章ポイント

年齢を重ねることで、認知症になりやすくなります。それはどうしてなのかを学びます。
さらに、認知症になってもその人らしく過ごすことができるよう、支援の方法について学習します。

解説

このグラフが示すように、高齢になり認知症の人が増え続けるということは、多くの人にとって身近なものであり、発症する可能性があることを裏付けています。こうした中で認知症の人を単に支えられる側と考えるのではなく、認知症とともによりよく生きていくことができるよう、国をあげて優しい地域づくりの推進を進めています。

解説

国は、認知症になっても希望をもって日常生活を過ごせる社会を目指し、認知症の人や家族の視点を重視しながら、「共生」と「予防」を車の両輪として施策を推進しています。「共生」とは、認知症の人が尊厳と希望をもって認知症と共に生きる、また、認知症があってもなくても同じ社会で共に生きる、という意味です。「予防」とは、「認知症にならない」という意味ではなく、「認知症になるのを遅らせる」「認知症になっても進行を緩やかにする」という意味です。

1 認知症とは

　日本の認知症の人の数は、2012（平成24）年で約462万人で、65歳以上の高齢者の15％にあたります。さらに2018（平成30）年には認知症の人の数は500万人を超え、2025（令和7）年には約700万人にもなるといわれ、65歳以上の高齢者の約5人にひとりが認知症になると見込まれています。（→スライド1）

スライド1　認知症高齢者の将来推計

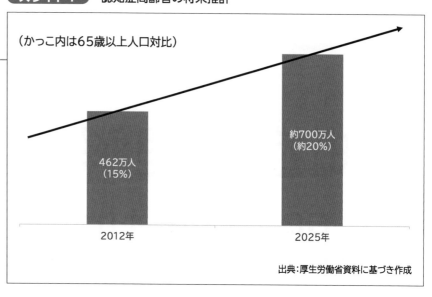

（かっこ内は65歳以上人口対比）

462万人
（15％）

約700万人
（約20％）

2012年　　　　　2025年

出典：厚生労働省資料に基づき作成

　我が国では、認知症に関する「認知症施策推進大綱」を令和元年6月18日に取りまとめました。
　主な中身として「共生」と「予防」についての考え方を強調しており、今後の取り組みの強化が注目されています。（→スライド2）

スライド2　「共生」と「予防」

「共生」→認知症の人が、尊厳と希望を持って認知症とともに生きる。
また、認知症があってもなくても同じ社会でともに生きる。

「予防」→「認知症になるのを遅らせる」
「認知症になっても進行を緩やかにする」

　このように、認知症は誰でもなり得るものであり、今後は認知症の人が認知症とともにより良く生きていくことができるように、できる限り住み慣れた地域の良い環境で、自分らしく暮らしていけるような支援が必要になります。

　認知症はどうして起こるのでしょうか。認知症の最大の危険因子は加齢です。脳は私たちのあらゆる活動をコントロールしている司令塔ですが、加齢やいろいろな原因でうまく働かなくなり、それによって精神活動も身体活動もスムーズに行うことができなくなります。特に、精神的な活動を担っているのは大脳の前の部分である「前頭葉」です。ここで「知性」「感情」「意思」「記憶」「ことば」などを処理し、自分の経験や知識などを照合して、それが何であるかを認識する、言い換えれば認知するところで、高度の処理機能を担っています。**（→スライド3）**

解説

> 「認知症」とは様々な要因で脳の細胞が死ぬ、または働きが悪くなることによって記憶・判断力などの精神的な活動が障害され、生活に支障が出る状態であり、脳の器質的な疾患により起こります。

スライド3　脳の処理機能

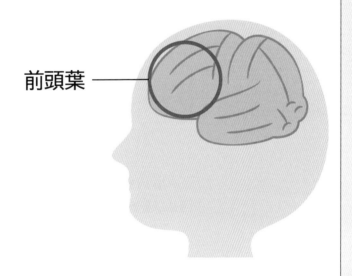

認知症は、この脳の細胞がいろいろな原因で死んでしまったり、働きが悪くなってしまったことで障害が起こり、記憶をはじめとする複数の認知機能が低下し、日常生活や社会生活が、これまでのように送れなくなった状態です。日本の認知症の原因となる疾患は、1980年代までは脳血管性が最多でしたが、近年ではアルツハイマー病が最も多くなっています。

2 認知症の種類

(1)　アルツハイマー型認知症

　　認知症の中で一番多いのがアルツハイマー型認知症で、男性より女性に多くみられるのが特徴です。はっきりした原因はいまだに不明ですが、今現在では、病理学的な特徴とされる老人斑（アミロイドβ）や神経原線維の変化により、神経細胞が減少することで発症すると考えられています。（→スライド4）

解説

アルツハイマー型認知症の方の脳には、老人斑がみられます。それは、老人の皮膚にも出ます。

> **スライド4**　　老人斑（アミロイドβ）
>
> 脳を顕微鏡で観察すると、
> 神経細胞と神経細胞の間に
> 老人斑(シミのようなもの)や神経細胞の中に
> 神経原線維変化(糸くずのようなもの)が
> みられる
> そして老人斑や
> 神経原線維変化の
> 増加に伴い
> 神経細胞が減少する
>
>

　　アルツハイマー型認知症が進行すると脳の神経細胞が減少することで脳全体が萎縮してしまい、最終的には成人男性の脳（約1,400g）の6割程度（800〜900g）にまで萎縮します。（→スライド5）

解説

症状が進行すると、大脳の萎縮も始まります。それにより、いろいろな症状が出現します。

> **スライド5**　　大脳皮質の著しい萎縮
>
> 脳全体(特に側頭葉や頭頂葉)が萎縮していく
> 成人では、通常1,400g前後ある脳の重さが
> 発症後10年ほどで800〜900g以下に減小する
>
> 正常な脳と比べて
> 大脳が小さくなる
>
>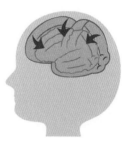

(2) 脳血管性認知症

　脳血管性認知症は、脳梗塞や脳出血などの脳血管障害によって脳内に血のかたまりができ、その部分の脳細胞が死んでしまうことで起こる認知症です。病気や事故をきっかけに発症しやすい傾向があります。（→スライド6）

解説
第5章「1 身体障害」参照

スライド6 脳血管障害

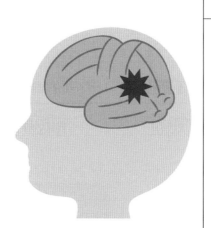

脳梗塞
　脳の血管が詰まる

脳出血
　脳の血管が破れる

解説
脳の血管が詰まったり、破れて出血することで、周辺の細胞が死んでしまい、脳の働きが悪くなり、認知症の症状が出ます。症状の出方は、階段状（まだら）に出るのが特徴的です。

　脳細胞が死んでしまう場所により、失われる機能にも個人差がみられます。脳血管性認知症は認知症全体の約20％を占め、女性より男性に多くみられるのが特徴です。

　主な症状は、日常生活に支障をきたすような記憶障害などで、他の認知症を引き起こす疾患と大きな違いはありません。しかし、症状の現れ方は特徴的で、突然症状が出たり、落ち着いていると思うと急に悪化したりを繰り返すことがしばしばみられます。また、ある分野のことはしっかりできるのに、他のことでは何もできないことなどから、「まだら認知症」とも呼ばれています。

　さらに、歩行障害、手足の麻痺、呂律（ろれつ）が回りにくい、パーキンソン症状、転びやすい、排尿障害（頻尿、尿失禁など）、抑うつ、感情失禁（感情をコントロールできず、ちょっとしたことで泣いたり、怒ったりする）、夜間せん妄（夜になると意識レベルが低下して別人のような言動をする）などの症状が早期からみられることもあります。

(3) レビー小体型認知症と前頭側頭型認知症

　「レビー小体型認知症」は、大脳の皮質の神経細胞内に「レビー小体」と呼ばれるたんぱく質が溜まることによって起こります。報告によってはアルツハイマー型認知症、脳血管性認知症に次いで患者数が多く、男性に多くみられるのが特徴です。病状が進行してくると、幻覚（幻視）が現れやすく、同時に身体の硬直が始まり動作全般が遅くなります。パーキンソン病の症状に類似しているのもレビー小体型の特徴のひとつです。

解説
第5章「4 難病」参照

「前頭側頭型認知症」では、記憶障害よりも性格・行動面の変化が目立ちます。主に人格を司る前頭葉と言語を司る側頭葉が萎縮する病気で、怒りっぽくなるといった人格面での変化に始まり、最終的には重度の記憶障害を引き起こします。脳の神経細胞内に「ピック球」と呼ばれる物質がみられることから「ピック病」と総称されています。発症率は低いですが、多くの人が40〜60歳代で罹患しており、「若年性認知症」とも呼ばれています。男性が女性より約２倍多く発症しています。

レビー小体型認知症と前頭側頭型認知症は、鍵となる脳内構造物が明らかになりつつあるので、これによって原因の解明が期待できる認知症といえます。（**→スライド7**）

スライド7　レビー小体型認知症・前頭側頭型認知症（ピック病）

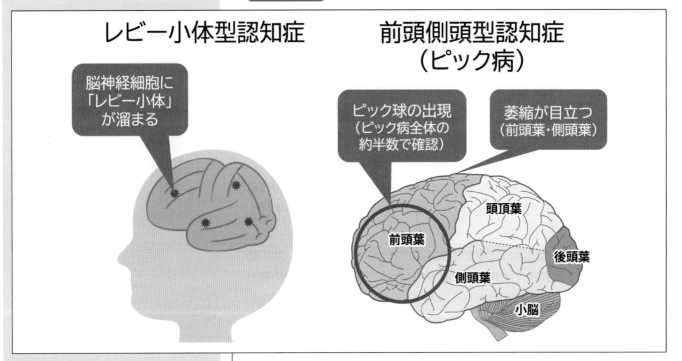

解説

レビー小体型認知症も前頭側頭型認知症も、アルツハイマー型認知症の症状のほかに、幻覚やパーキンソン病の症状が出たり（レビー小体型）、人格の変化（前頭側頭型）などの症状が出るのが特徴になります。

⑷　若年性認知症

　若年性認知症は、65歳未満で発症した認知症性疾患の総称です。中核症状や行動・心理症状は高齢者の認知症と同様ですが、働き盛りの最中に発病するため、休職や退職による経済的な問題や、介護者の問題（配偶者や高齢者の親が介護者になる等）が起こりやすくなります。また、家庭と介護を配偶者が一人で担うケースも多々みられることから、一般に老年期よりも介護負担が大きくなります。

(5) 軽度認知障害 (MCI：Mild Cognitive Impairment)

徐々に進行していく認知症には、まだ認知症には至っていないけれども、年齢相応の認知機能の低下がみられる時期があります。このような健常と認知症の境目にいる時期を「軽度認知障害」と呼んでいます。厚生労働省によると、2012（平成24）年で軽度認知障害に該当する65歳以上の高齢者は400万人いるといわれており、高齢者のうち約４人にひとりがこの"認知症予備軍"に該当するという計算になります。この軽度認知障害を５年間放置しておくと、約50％の人が認知症になるといわれています。

3 認知症の症状

軽度認知障害から認知症に進行するのを緩やかにするためには、周囲の人が早くからその変化を見つけて関わることが重要です。そこで、認知症の基礎的な症状を正しく知ることが、変化を見つける手助けとなります。

(1) 中核症状

脳の細胞が壊れることによって直接起こる症状を「中核症状」といいます。記憶障害、理解・判断力の障害、実行機能障害、見当識障害などです。これらの中核症状のため、自分の周囲で起こっている現実を正しく認識できなくなります。（→スライド8）

スライド8 中核症状

記憶障害 物事を覚えられなくなったり、思い出せなくなる	**認知の障害** 考えるスピードが遅い 家電やATMなどが使えない
実行機能障害 計画や段取りをたてて行動できない	**見当識障害** 時間や場所、やがて人との関係が分からなくなる

解説
認知症の人に必ず出る症状を中核症状といいます。

これら４つの症状が、周囲の人が早くから気づける変化ということがご理解いただけたでしょうか。この変化に気づかない、あるいは気づいても「まさか」、「まだ大丈夫」とそのままにすることで、当事者である本人は中核症状が原因となり、生活の中で対人関係が上手くいかないストレスや不安を抱えてしまいます。

① **記憶障害**

　中核症状では、過去の記憶は保たれているのに、新たに何かを覚えたりすることが難しくなります。記憶力の中でも特に記銘力障害、言い換えれば「さっきのことが思い出せない」ことが目立ちます。
（→スライド9）

スライド9　記憶とは何か

> Q　昨日の晩ごはん、何を食べましたか？
>
> 記憶のプロセス
> 　1 記銘力： 情報を覚える力
> 　2 保持力： 情報を保つ力
> 　3 想起力： 情報を思い出す力

　また、他人の言うことが理解できず会話の内容が空虚になったりします。物を置いた場所を忘れてしまい歩き回る、どこかに置き忘れても探し出すことができないなど、認知症の初期症状ではよくあることです。

　脳の機能が衰えてくると、直前に起こったことや話した内容の記憶が難しくなり、同じことを何度も繰り返し言ったり、食事したことを忘れて「ご飯はまだかい」などと何度も聞いてくるようになります。「さっき食べたでしょ」と返答して納得してもらえるならばよいのですが、本人はどうしても腑に落ちず、また同じことを繰り返します。また、すでに冷蔵庫にたくさん入っている食品を繰り返して買ってくるということも少なくありません。

　認知症が進行し記憶力が著しく低下すると、物をしまった場所が思い出せなくなります。そのため一度探し物を始めると、タンスの棚から押入れの中まで部屋の隅から隅までを探すようになります。探し物を見つけ出すまでは不安な気持ちでいるため、散らかした物を元に戻す、片づけるといった余裕はありません。

② **認知障害（思考・判断力の障害）**

　思考障害や判断力に障害が生じると、周囲の状況を理解することができず、どのように行動してよいかわからなくなります。突然急に怒り出したり、逆に塞ぎ込んだりと感情の起伏が激しくなることもあります。今まで熱心に打ち込んでいた趣味に対して、急に無関心になるなどの兆候がみられる場合は注意が必要です。

　また、認知障害では脳の機能障害により「失語、失行、失認」といった障害が発症することがあります。失語とは、言葉の理解ができないこと、しゃべりたい言葉がしゃべれないことです。失行とは、運動機能に関する障害はないのに、意味のある動作、例えば「くわえたタバコにライターの火をつけること」ができないような障害をいいます。失認とは、感覚に関した機能は損なわれていないのに、対象を正しく認知・認識できないことです。よくあるのは、方向感覚の悪さで、何度も行ったことのある娘の自宅を訪ねようとして道に迷うような例です。

③ **実行機能障害**

　私たちは日頃から行動する時、無意識に計画を立てその準備をし、首尾よくこなしていく能力、「段取り能力」を使い実行しています。このことを「実行機能」といいますが、認知症になるとこの機能が低下し、段取りがわからず混乱してしまいます。例えば「お味噌汁を作るために鍋を出して、次の手順がわからなくなり、何も入れずにからのまま火にかけてしまう」や「料理のレパートリーが減り、限られたメニューを繰り返し作る」などがみられます。また、作業を完遂せず、やりかけのまま忘れてしまうので、何かひとつの作業に没頭していても、別のことに関心が移ればやりかけのまま別の行動に移ってしまいます。(→**スライド10**)

スライド10　実行機能障害

目的に合わせた手順の組み立てができなくなる

次にどのように行動してよいかわからず混乱して徘徊が生じる

解説

今まで普通にできていたことができなくなるのが、実行機能障害です。スーパーに行ってレジを通さずそのまま帰ることで、万引き犯と間違えられ、それを繰り返すことで認知症であることがわかることもあります。

　また、きれい好きだった人が掃除をすることができなくなり、部屋が散らかったままでも平気でいるというようなことも起こります。

④　見当識障害（場所・時間）

　見当識は記憶と密接に関連しており、記憶障害があると見当識も正常に機能しなくなります。自分が経験した事柄が正しく記憶されているからこそ、今が何時でどこにいてどのような人物と会っているかがわかるのです。外出しても自力で帰宅できない、散歩や買い物などで外出しても自宅の場所が思い出せなくなり帰宅できないといったケースは、この見当識障害から起こっています。（→**スライド11**）

解説

認知症になると、見当識障害から生活に支障が出てきますが、一番不安なのは本人です。その精神的な状況を理解し支援しましょう。

スライド11　　見当識障害

見当識

今年は何年？
今の季節は何？
今何時？
今どこにいる？
そばにいる人は誰？

見当識障害

という認知能力が障害されている状態

まず時間、そして場所の順に分からなくなる

　また、高齢者施設に入所していることが見当識障害によって理解できず、以前住んでいた自分の住まいに帰らなければと思い込んでしまい、その結果「本当の家」に帰ろうとして歩き回る、あるいはトイレの場所などがわからなくなり、探して歩き回るといったことがよく起こります。これを「徘徊（はいかい）」と呼んでいますが、本人にとっては当然の行動なのです。

　第三者からみると"問題"ととらえられる行動にも、本人なりの意味があることを理解することが必要となります。

Column　「できる」ことに目を向け支援する

　認知症の人との関わりは、人生の歴史をもつ個性のある人として尊重し、できる限りその人の意思や価値観に共感することが大切です。できないことにばかり目を向けるのではなく、できることやできる可能性のあることに目を向けて、本人の力を最大限に生かしながら、地域社会の中で、なじみの暮らしやなじみの関係が継続できるよう支援していきましょう。

（2） 周辺症状（行動・心理症状）

　認知症は記憶障害を中心とした認知機能障害であり、物忘れや見当識障害、判断力の障害などの中核症状が生まれ、さらに<u>周辺症状（行動・心理症状）</u>として帰宅願望など多様な症状が出現します。行動・心理症状は認知症の人が置かれている環境や身体的、精神的要因などで現れる多様な症状や行動をいいます。さらに、生活の視点からみると実に様々な支障が起こりやすくなります。（→**スライド12・13**）

（→**スライド12・13**）

> **解 説**
>
> 周辺症状は、近年「行動・心理症状」の名称が一般化しています。行動・心理情報はBPSDとも呼ばれます。

スライド12　周辺症状（行動・心理症状）

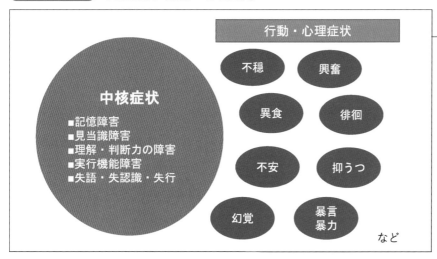

> **解 説**
>
> 認知症の人の示す様々な行動は、何か特別で独特なもののように思われますが、その人本来の培ってきた生活歴や性格に、中核症状や行周辺症状（行動・心理症状）が加わって、現在のその人の行動を形成しているといえます。

　認知症の人の心理というと、何か特別で独特な性格があるように思われますが、認知症の中核症状から周辺症状が起こり、さらにその人の性格があって、とる行動も人それぞれです。つまり、もともとの性格に認知機能障害などの様々な認知症の症状が加わって、現在のその人の行動を形成しているといえます。（→**スライド13**）

スライド13　中核症状と周辺症状（行動・心理症状）

> **解 説**
>
> 今まで問題行動といわれていたことは、その人にとっては起こるべくして起こっている、自然な行動なのです。問題行動と思っているのは、介護者の方なのです。

　「行動障害」は、認知機能障害などが原因で起こる行動上の障害であり、その出現には何かしら原因があります。怒ったり、いさめたりすることは、かえって逆効果になります。

4 認知症と生活障害

　認知症の人にとって安心できる居場所があることは大切ですが、それだけでは不十分です。家族と過ごすこと以外に人との交流が必要です。しかし、認知症の症状から食事の準備ができない、片付けるのが億劫になる、買い物に行くたびに同じ物を買ってくるなど、生活するのに困難が生じてきます。このような場合には、できなくなったことに目を向けるのではなく、どのようにすればできるようになるのか、近づけられるかを考えましょう。また、人から必要とされている、家庭以外での役割を持ってもらうことで自己肯定感を高められ、周辺症状（行動・心理症状）の改善にもつながります。（→スライド14）

スライド14　生活障害（対応方法）

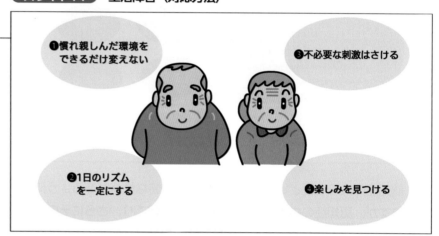

❶慣れ親しんだ環境をできるだけ変えない
❸不必要な刺激はさける
❷1日のリズムを一定にする
❹楽しみを見つける

(1)生活障害と対処法　①　睡眠障害

　睡眠障害は、認知症高齢者の約30％にみられます。その背景には、睡眠・覚醒リズムの乱れがあります。1日のうちにも日中の居眠りや夜間の覚醒が頻繁にみられ、睡眠・覚醒の正常なリズムが崩壊します。アルツハイマー型認知症の睡眠障害は、夜間の睡眠持続障害を主とする夜間睡眠の分断とレム睡眠行動障害が特徴です。また、レビー小体型認知症でもあらわれます。

　また、睡眠時に10秒以上の呼吸停止が1時間当たり5回以上出現し、睡眠を中断させたり、熟眠を妨げたりする、睡眠時無呼吸症候群の出現が頻繁に起こります。最近の研究では、睡眠時無呼吸症候群が認知症の発症リスクを高めることもわかってきました。

　睡眠障害でまず大切なのは、睡眠覚醒リズムを整えることです。認知症では初期から意欲・自発性の低下がみられることが多く、外出することが減ってテレビを見ていても寝ていたりと、日中の活動量や覚醒レベルの低下が起こり、夜の睡眠の質が悪くなります。また、睡眠覚醒リズムが乱れると、夜に幻視が現れたり、日ごろわかる家族の顔がわからなくなったり、起き出して出かけようとすることがあります。夜間ではちょっとした刺激に過剰に反応して興奮したりして、それが睡眠障害につながります。昼はしっかり起きていられるような環境づくりが大切です。（→スライド15）

解説

最近の出来事を思い出すようにすることも必要ですが、むやみに聞き出すことは避けましょう。本人の希望を聞きながらスケジュールは一定するよう心がけます。服用している薬の副作用として睡眠に悪影響を及ぼしている場合もあります。かかりつけ医や薬剤師に相談してみることも必要です。

解説

睡眠は、「レム睡眠」という浅い眠りと「ノンレム睡眠」という深い眠りが交互に現れます。レム睡眠とノンレム睡眠は第3章「9 睡眠の介護の方法」のように繰り返し、始めはノンレム睡眠がより深く長く出現し、起きる前には浅めで短いレム睡眠が多くなっていくのが一般的な睡眠のリズムです。レム睡眠行動障害では、レム睡眠のたびに大きな寝言や粗大な四肢運動がみられたりします。

解説

幻視とは、本来見えないものが本人には見えている状態のことです。頭ごなしに否定せず肯定的に対応します。

スライド15 睡眠障害（対応方法）

② 人物誤認

　「人物誤認」とは人物を同定することができなくなる症状で、比較的高い頻度で認知症高齢者にみられます。よくあるケースとしては、「身近な人間がそっくりの他人にすり替えられてしまった」「他人が自分の家に住み込んでいると思い込む」「鏡に映った自分を自分自身と認識できず、他の人と取り違え、鏡に向かって話しかけたり、食べ物を与えようとする」などの症状がみられます。（→**スライド16・17**）

スライド16 人物誤認（対応方法）

人物誤認（対応方法）

- 発症要因や幻覚が基盤になっていることが多いので、誤認に対する訂正は不可能である。
- むやみな説明や説得はかえって不信を招き、不穏となり介護者に攻撃や拒否をもたらす要因になる。
- 誤認の対象となる人物はごく身近な家族であることが多い。

解説

妄想や幻覚とは、本来あるはずがないものをあるように感じることです。
誤認についても、「私は間違っていない」と確信しているわけですから、否定すればむきになり、収拾がつかなくなることも。まずは本人の話を聞き、対応法を考えていくのがよいでしょう。

スライド17 人物誤認（家族へのサポート）

家族へのサポート

- 誤認された時にはちょっと距離を置き、できるだけ適度な距離を保つ工夫をする。

　「ちょっとトイレに行ってくるね」
　「また後で話を聞きに来るね」
　とその場を数分離れる

③　**帰宅願望**

　　何らかの刺激によって気分が高揚している場合や、不安が生じている場合は、それ以上の環境の変化を避け、本人が安心して暮らせるような環境を作る必要があります。言葉で説明するよりも、本人を取り巻く状況を穏やかなものにして、ゆっくりできる時間をもつことも大切です。

　　また、何か役割をとってもらうことで安心感につながり、軽減することもあります。帰宅願望は、場所の見当識障害や記憶障害から、現在の住まいを自分の家と認識できずに生じているので、まずは「家に帰りたい」という気持ちをくみ取ることが必要です。何度も同じことを繰り返すことが多いですが、一旦気持ちを別のことに向けるなど、根気よく声かけをして不安の除去に努めます。

（→**スライド18・19**）

スライド18　現在の住まいを自分の家と認識できず帰宅願望が生じている場合

> 「帰る家にはご飯の用意がされていないので、
> こっちで食べてから帰りましょう」
> 「今日はもう電車がないから、
> 明日一緒に行きましょう」
> 「今日は実家に帰る連絡だけ入れておきましょう」
> など一旦気持ちを別のことに向ける。
>
> 否定
> しない

スライド19　自分の持ち物を探してうろうろ動き回っている場合

> 探し物をしているという本人の気持ちを尊重する。
> 本人の気持ちを理解するところから始める。
> 本人と一緒に探す。
> 本人の見つけやすいところにさりげなく置いておく。
> 「長い間探し続けて疲れたので一休みしましょう」
> 「後で探すのを手伝うので、お茶でも飲みませんか」
>
> 否定
> しない

　　認知症症状が重度になる頃には、身体面では「やせ」が進むとともに、運動機能にも支障をきたし、いつも失禁するようになります。衰弱が徐々に進むとともに、様々な病気にかかりやすくなり、これが最終的に死に結びつきます。死因としては、誤嚥性肺炎や尿路感染に由来する<u>敗血症</u>などが多いとされます。

解説
生命を脅かす感染に対する生体反応

(2)　パーソン・センタード・ケア

　認知症者の心理は、その病気の種類や程度によっても異なり、さらに1日の中でも様々な変化を示すことなどから、その特徴について一概に指摘できない部分もあります。

1. 不快
2. 不安
3. 混乱
4. 被害感
5. 自発性の低下や抑うつ
6. 揺れ動く感情
7. 行動を取り繕う行為

　このような心理状態の方に対して、現在提唱されている認知症ケアに「パーソン・センタード・ケア」があります。1980年代末に英国の心理学者トム・キットウッド教授（Tom Kitwood 1937-1998）によって提唱された、認知症高齢者をひとりの人として尊重し、「その人の視点や立場に立って理解しながらケアを行う」という認知症ケアにおける考え方のひとつです。提唱された当時、世界中に大きな影響を与え、日本でも徐々に普及しつつあります。

　パーソン・センタード・ケアを実践する上では、認知症の方が「何を必要としているのか」「何を求めているのか」といった認知症の人の心理的ニーズを理解することが重要になります。トム・キットウッドは、認知症の人のもっている「心理的ニーズ」を理解する上で「ひとりの人間として無条件に尊重されること」を中心として、「共にあること」「くつろぎ」「自分らしさ」「結びつき」「たずさわること」という6つのことが重要であると考え、それを「花の絵」で表現しました。（→**スライド20**）

スライド20　「心理的ニーズ」を理解する6つのこと

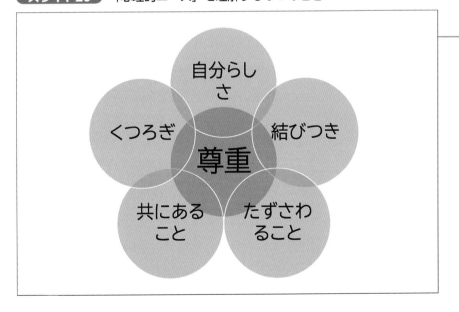

解説

パーソン・センタード・ケアの考え方は、「その人をみる」ということです。この考え方は認知症をもつ方にかぎらず、すべての人がもつニーズに通じます。
これら6つのニーズのどれか一つが満たされることで、他のニーズにも影響が広まり、やがてすべてのニーズが満たされていきます。そして、人は尊重されていると、心理的に落ち着いた状態（well-being）になるとされています。

5 認知症の治療

　動作の一つひとつが遅くなったり、人の名前を思い出せなくなったりと、人間は年をとるとともにあらゆる機能に衰えがみえるようになります。しかし、一連の症状が年相応な衰えによるものなのか、それとも認知症を発症しているのか、その判断次第で今後の対応は大きく変わってきます。

　認知症の診断には、一般的に「長谷川式認知症スケール」が用いられます。これは「あなたの年齢はいくつですか？」といった初歩的な質問に始まり、計算式や暗記などを回答していく知能評価テストです。30点満点で20点以下だと認知症の疑いがあるとされています。その他にも、最近ではCTやMRIで脳の形状を測ることが可能になり、脳の萎縮がみられるアルツハイマー型認知症の発見が容易になりました。

　現在は、薬により認知症の進行を遅らせることが可能になりました。また、薬に頼るばかりでなく、テキストを用いた脳トレや、指先や全身を動かすことで老化の防止につなげるエクササイズなども登場しており、様々な面で認知症対策が講じられています。認知症は早期発見が決め手となります。いつの間にか症状が著しく進んでいたとならないためにも、普段から高齢者の場合は様子の変化に気を配るようにしましょう。

⑴　薬物療法

　認知症は今現在、完全な治療法が確立されていません。そのまま放置してしまうと、進行が進みコミュニケーションをとることが難しくなります。一方で、完治が困難ではあるものの、早期に認知症を発見し適切な処置をすることで、認知症の進行を大きく遅らせることは可能です。現時点での認知症の治療薬とは、基本的にアルツハイマー病に対するものです。

　なお、脳血管障害の治療薬は多数つくられていますが、脳血管性認知症自体を対象にする薬剤は現在のところまだありません。（→**スライド21**）

解説

残念ながら現在の認知症の薬では、根本的に認知症の進行を止める効力は望めません。薬を飲んでいても、最終的には認知症は進行します。また、記憶障害や行動障害を劇的に改善させるほどの効果も期待できません。しかし、脳で生き残っている神経細胞を活性化させ、覚えたり考えたりする働きをある程度保てる可能性はあります。また、日常生活に活気が出たり、イライラや不安を少なくすることによって生活の質を上げる効果も期待されています。

スライド21　認知症の治療薬

	商品名（一般名）	種　類
飲み薬	アリセプト®（ドネペジル）	錠剤・D錠・ドライシロップ・細粒・ゼリー剤
	レミニール®（ガランタミン）	錠剤・OD錠・液剤
	メマリー®（メマンチン）	錠剤・OD剤
貼り薬	イクセロン®パッチ（リバスチグミン）	パッチ剤
	リバスタッチ®パッチ（リバスチグミン）	パッチ剤

(2) 非薬物療法

　非薬物療法は、生活の中で活動性を高めて規則正しい生活を行い、睡眠障害やBPSD（行動・心理症状）を改善する方法です。様々な活動を通して、楽しい時間や心地よい感情体験をすることで、不安が軽減したり、イライラ感が減少したり、歩き回る行動が減少します。加えて、他の人々とよく交流することができ、コミュニケーション能力が促進されることもわかってきました。

① 回想法

　「回想法」は、認知症の方でも比較的保たれている長期記憶を活かせたり、一人ひとりの経験、思いを尊重できることから注目されている技法です。高齢者が語る様々な人生史に心を込めて耳を傾け、人生の先輩としての尊敬の念をもって対応することで、様々な問題を抱えた高齢者が気持ちよく暮らすための心の安定を図ります。

（→スライド22・23）

解説
認知症の人は最近の出来事を記憶に留めておくこと（短期記憶）は苦手になりますが、からだで覚えた記憶、ピアノ演奏やお手玉など（長期記憶の中の「手続き記憶」）は覚えていることが多いので、そこに働きかけることが大切です。

スライド22　昔の遊び

解説
一人ひとりの楽しかった思い出を回想することで、行動の変化（意欲的になったり、活性化する）が現れます。

スライド23　回想法

折り紙やかるたなど子どもの頃に親しんだ思い出の体験にふれたり、写真などを見せることで楽しかった昔の記憶を蘇らせ、認知機能を改善する効果が期待できます。

② **音楽療法**

　音楽には、身体的、心理的、社会的、認知的な状態に作用する力があり、活動における音楽のもつ力と人とのかかわりを用いて、認知症の方を多面的に支援することができます。言語を用いたコミュニケーションが難しい人に対しても、有効に活用できる方法です。QOLの向上に導く方法になります。（→**スライド24**）

スライド24　音楽療法

　非薬物療法は、成功体験により喜びをもたらすことができます。利用者が作業活動に失敗することなく、成功することから喜びや自信を取り戻す場となることが大切です。もし、失敗しそうなものでも、利用者がやりたいという願望は拒否せず、失敗させないようにするサポートが必要になります。

　視覚的な情報提示を心がけ、利用者の理解や反応をより高めるためには、手本を示したり見本を見せたりします。また、肯定的なコミュニケーションを心がけ、称賛する言葉、受容的な言葉を多用して声かけを行います。そのようにすることで、他人から認められているという感情がわき、そのことが存在感につながります。

　あらゆる活動への参加は無理強いせず、相手が興味・関心を示すものに参加を促します。また、示した時にさりげなく活動に導いたり、言葉にしてほめてあげることで、活動への動機づけを高めます。生活環境の変化から、生活リズムや集団での活動になじめず、混乱や不安、拒否的な反応がみられる場合には、個別対応を優先します。

解説
［称賛する言葉］「すごいですね」「おめでとうございます」など
［受容的な言葉］「なるほど」「そうなんですね」など

6 認知症サポーターについて

≪認知症サポーター≫

　認知症に対する正しい知識と理解をもち、地域で認知症の人やその家族に対してできる範囲で手助けするボランティアとして「認知症サポーター」を全国で養成し、認知症高齢者などにやさしい地域づくりに取り組んでいます。

　厚生労働省の呼びかけで2005（平成17）年よりスタートしたこの制度により、2021（令和3）年現在認知症サポーターは全国で約1300万人となり、地域で暮らす認知症の方や家族にとって非常に心強い存在となっています。

　認知症サポーターには、自治体や企業、職域団体が実施する「認知症サポーター養成講座」（90分）を受講することで誰でもなることができます。受講費用は原則無料です。

　認知症サポーター養成講座は、地域住民、金融機関やスーパーマーケットの従業員、小、中、高等学校の生徒など様々な方が受講しています。

　認知症サポーターに期待されることは次の5つです。

---

1. 認知症に対して正しく理解し、偏見をもたない。
2. 認知症の人や家族に対して温かい目で見守る。
3. 近隣の認知症の人や家族に対して、自分なりにできる簡単なことから実践する。
4. 地域でできることを探し、相互扶助・協力・連携、ネットワークをつくる。
5. まちづくりを担う地域のリーダーとして活躍する。

　具体的には、以下のような活動をしています。

■認知症カフェ（オレンジカフェ）の運営・参加
■認知症の方の傾聴
■見守り・外出の援助　　など

（→スライド25・26）

考えてみよう！

演習としてイメージしてみましょう。
自分が認知症である想定で行動を考え
てみましょう。

スライド25　考えてみよう！「認知症の方の生活」
　　　　　　　もしもあなたが…

もしもあなたが…
・ あなたはバスに乗っています。
・ バスにどうやって乗ったか覚えていません。
・ バスがどこに行くのかわかりません。
・ 外は全く見慣れない景色です。
・ 突然知らない人が声をかけてきました。
・ 知らない人はあなたの事を知っているようです。
あなたはどのような行動をとりますか？

スライド26　考えてみよう！「認知症の方の生活」
　　　　　　　どんな感情が生まれますか…

どんな感情が生まれますか…
怖い？
不安？
逃げ出したくなる？
とにかくバスを降りる？
泣きたくなる？
自分の身を守る？
人にだまされている？
あなたはどのような行動をとりますか？

第**5**章

障害の理解
（入門講座2時間）

第5章ポイント

障害にはどのようなものがある
のかを理解します。
障害を患っても、その人らしく
生きるための支援の仕方を学び
ます。

解説

等級の数字が少ないほうが重度になり
ます。

解説

光は前のほうから順に、角膜、水晶体、
硝子体という透明な組織を通過して網
膜に達します。角膜はレンズの役割、
水晶体は網膜に映る像のピントを合わ
せる働きをします。

　障害者基本法によると、「障害者」とは「身体障害、知的障害又は精神障害（発達障害を含む）があるために、長期にわたり日常生活又は社会生活に相当な制限を受ける状態にあるもの」とあります。

1 身体障害

　身体障害者とは、「身体に障害があり、その程度が身体障害者福祉法施行規則別表第5号の1級から6級に該当する者であって、身体障害者福祉法第15条第4項の規定により身体障害者手帳の交付を受けた者」とされ、なおかつ18歳以上の者となっています。また、その障害は「永続するもの」とされており、治療が終了してなおかつ、その障害が将来にわたって、回復の可能性が極めて少ないものをいいます。

(1) 視覚障害

① 見える仕組みと主な病気と障害

　視覚器は、外界からの光を虹彩によって調整し、角膜、房室、水晶体、硝子体を通して、網膜で像を結びます。網膜は薄い膜で眼球を覆っています。そこでとらえた光の情報は視細胞によって光を吸収し、神経回路を通じて脳の視覚中枢に伝達され、初めて映像として認識されます。（→スライド1）

スライド1　視覚器

視覚障害は何らかの原因によって、その経路のどこかに障害が生じ視力の低下や視覚異常が起きている状態をいいます。視力の程度により「盲」と「弱視」があり、盲とは視覚を活用して日常生活を営むことが困難な状態をいいます。

高齢者の目の主な病気は、以下のとおりです。

糖尿病性網膜症：糖尿病の合併症として発症し、高齢者の目の病気としては最も多い疾病といわれています。糖代謝異常によって網膜や硝子体が出血し、網膜剥離を起こして中途失明になります。

緑内障：眼球内の房水が外に排出しにくいため、眼圧が高くなります。さらに、視神経の損傷により視神経萎縮が生じ、視野が狭くなり、場合によっては失明することもあります。

白内障：レンズの役割をもつ水晶体の混濁が生じることによって、物体がかすんで見えたりぼやけて見えたりする疾患です。加齢により発症するケースがほとんどですが、放置さえしなければ失明することはまずありません。ただし、白内障の濁りは薬では治癒しないため、最終的には手術が必要になります。

② **視覚障害者への対応とコミュニケーション機器**

視覚障害者の移動手段には、白杖（盲人安全つえ）、手引き歩行、盲導犬による歩行、電子機器を活用する歩行などがあります。
（→スライド2）

（→スライド2）

スライド2 白杖の役割と手引歩行

白杖の役割
- 障害物に衝突するのを防ぐ
- まわりのようすを探る
- 目が不自由であることをまわりの人に教える

手引歩行
介護者は視覚障害者の半歩前を歩く

日常生活における介護では、場所の移動は勝手にしないようにします。なぜなら、部屋の物の位置を念頭に入れながら生活されているので、位置が変わると探すことが難しくなるためです。

食事では、食器の位置や料理の種類などを説明します。位置を知らせるのにクロックポジションの方法を用いると、視覚障害者が記憶し

解説
定義ははっきりしていませんが、「両眼の矯正視力が0.3未満」であり、めがねやコンタクトレンズを使用しても視力が十分に出ない状態をいいます。

解説
糖尿病は、脾臓から出るインスリンというホルモンが十分に働かないために、血液中を流れるブドウ糖という血糖が増えてしまう病気です。血液の濃度が糖によって濃くなり、細い血管ほど詰まりやすくなります。

やすくなります。(→**スライド3**)

スライド3 クロックポジション

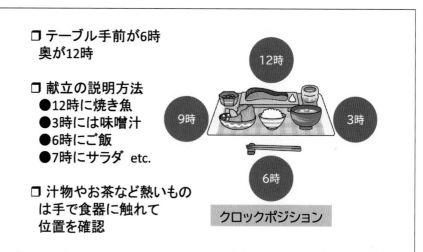

□ テーブル手前が6時
奥が12時

□ 献立の説明方法
●12時に焼き魚
●3時には味噌汁
●6時にご飯
●7時にサラダ etc.

□ 汁物やお茶など熱いもの
は手で食器に触れて
位置を確認

解説

クロックポジションは時計の文字盤に合わせて、置いてある位置、物を説明していきます。中途障害の人にはわかりやすい方法ですが、先天性の視覚障害者にはこの方法は用いられません。

コミュニケーションを図るための福祉用具としては、点字タイプライター、点字器などがあります。日常生活用具では体重や時計などがあります。(→**スライド4**)

スライド4 コミュニケーションを図るための機器

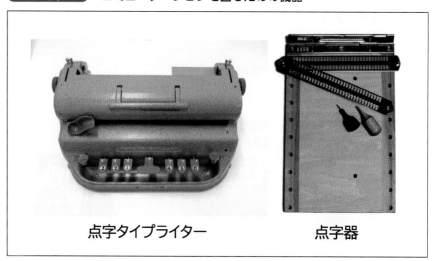

点字タイプライター　　　　　点字器

(2) 聴覚・言語障害

① 聞こえる仕組みと話す仕組みと主な病気と障害

耳の形は音を効果的に受けとれるような仕組みになっています。空気のふるえが外耳を通り、鼓膜をふるわせ中耳から内耳に伝わります。さらに内耳の中の液体をふるわせることで感覚細胞に伝わり、そこから脳に信号が送られ聞こえたと感じます。ほとんど聞こえない状態を「ろう」、少しは聞こえる状態を「難聴」といいます。

人間の声は声帯から発せられ、口や舌の動きで言葉を作りますが、この発声や発語をコントロールしているのは脳です。脳の<u>運動性言語中枢</u>というところがこれをつかさどっており、この部分が損傷を受けると、言葉を聞いて理解することはできても話すことができなくなります。（→**スライド5**）

スライド5 聞こえる仕組みと話す仕組み

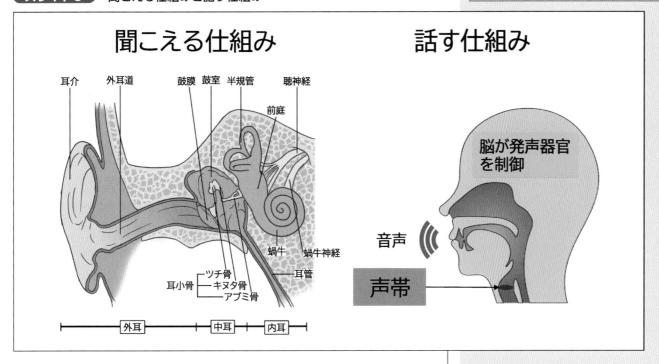

高齢者の聴覚の障害には「老人性難聴」があります。原因は鼓膜や耳小骨の老化により、内耳の聴神経が障害されることで起こります。少しずつ聞こえにくくなるので本人も気づきにくく、また、高音域の音が聞こえにくくなるのも特徴です。

「言語障害」は発声発語器官のどこかに異常が起こったために、正しい発音ができなくなる「構音障害」と、大脳にある言語領域に異常が起こったために言葉を使うことができなくなる「失語症」の2つに分けられます。

② **聴覚・言語障害者への対応とコミュニケーション機器**
　老人性難聴のコミュニケーション機器には、音声などを大きくする補聴器があります。**（→スライド6）**

スライド6　補聴器の種類

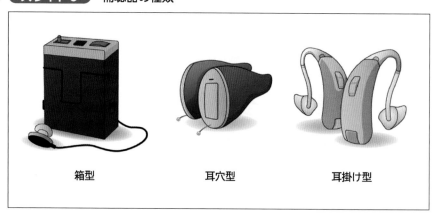

箱型　　　　　　　　耳穴型　　　　　　　　耳掛け型

　補聴器の形状には、箱型・耳かけ型・耳穴型等があります。補聴器の形はその人のライフスタイルや耳の形状、聞こえの状態等によって選びます。
　手話は「ろう者」といわれる先天的聴覚障害者が用いる、コミュニケーション手段です。筆談は、紙などに書いていくため正確に伝えることができ、健聴者にも手軽にできるコミュニケーション方法です。
　コミュニケーションを図るための福祉用具としては、発語が困難な人などが利用するトーキングエイドがあります。これは文字を押すと相手に音声で言葉を伝えることができる機器です。また、パソコンなどを利用し文章を打ち込んだものを相手に見せて伝えるなど、今では身近なIT機器を使ってコミュニケーションを図っています。

(3) 肢体不自由

　肢体とは、上肢や下肢、体幹（胴体）をいいます。何らかの原因でそれらに障害が起き、動きが悪くなったことを肢体不自由といいます。主な原因として、脳（脳梗塞、脳出血）や脊髄などの障害による後遺症で麻痺が起きるケースが多々見受けられます。（→**スライド7**）

スライド7　脳卒中

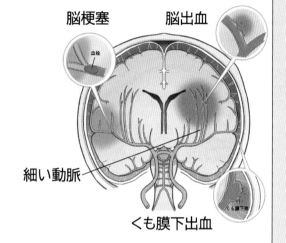

突然に起こるのが脳卒中＝脳血管障害の特徴

麻痺が起きやすい
　脳梗塞
　脳出血

麻痺が起きにくい
　くも膜下出血

脳梗塞　脳出血

細い動脈

くも膜下出血

解　説

脳卒中と脳血管障害（疾患）は同じものを指します。脳卒中は、脳梗塞、脳出血、くも膜下出血を指します。

　麻痺の種類は次のようなものがあります。（→**スライド8**）

　単麻痺：手足のうち一肢に麻痺がみられます。
　片麻痺：右半身麻痺と左半身麻痺があり、脳卒中などにみられます。
　対麻痺：両下肢の麻痺で、脊髄損傷などにみられます。
　四肢麻痺：上肢と下肢の麻痺で、頸髄損傷などにみられます。

スライド8　麻痺の種類

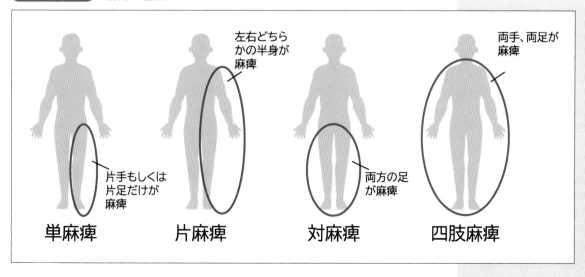

左右どちらかの半身が麻痺

両手、両足が麻痺

片手もしくは片足だけが麻痺

両方の足が麻痺

単麻痺　　　　片麻痺　　　　対麻痺　　　　四肢麻痺

⑷　内部障害

内部障害には、身体障害者福祉法により、「心臓機能障害」「腎臓機能障害」「呼吸器機能障害」「膀胱または直腸機能障害」「小腸機能障害」「ヒト免疫不全ウイルスによる免疫機能障害（エイズ）」「肝臓機能障害」の7つがあります。

①　心臓機能障害

心臓は全身に血液（酸素や栄養）を送るポンプの役割をしていますが、正常なポンプ機能を営むことができなくなり、心不全や狭心症症状（呼吸困難、胸痛、動悸、息切れ、下肢や顔の浮腫(ふしゅ)（むくみ）・倦怠感(けんたいかん)（だるさ）など）などを起こし、日常生活活動に支障をきたす状態のことをいいます。代表的な心疾患としては、虚血性心疾患(きょけつせいしんしっかん)（心筋梗塞(こうそく)・狭心症(きょうしんしょう)）、心不全、不整脈などがあります。（→スライド9）

解説

心臓に何らかの異常がありポンプ機能が低下して、全身の臓器が必要とする血液を十分に送り出せなくなった状態をいいます。

解説

心臓は、お母さんのお腹に中にいる時から、休むことなく死ぬまで働き続けています。その心臓に酸素と栄養素を送る動脈が、冠（状）動脈です。

> **スライド9**　虚血性心疾患（心筋梗塞・狭心症）

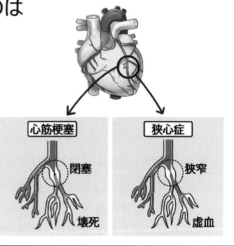

心臓に栄養と酸素を送るのは
冠状動脈

心筋梗塞は血管がつまり
血流がとまる

狭心症は血管が細くなり
血流が悪くなる

心筋梗塞　閉塞　壊死
狭心症　狭窄　虚血

②　腎臓機能障害

腎臓は血液をろ過し、不必要となったものを尿として排泄する働きをします。この働きが障害される病気には慢性腎不全があります。症状には高血圧、尿の異常（血尿、たんぱく尿など）、浮腫（むくみ）などが起こります。（→スライド10）

解説

血圧とは、血液が動脈を流れる際に血管の内側にかかる圧力のことです。よく、血圧の「上」「下」といいますが、上は心臓が収縮して血液を送り出したときの「収縮期血圧」（最高血圧）のことで、下は心臓が拡張したときの「拡張期血圧」（最低血圧）のことです。収穫期血圧が140mmHg以上、拡張期血圧が90mmHg以上のとき、高血圧と診断されます。

解説

血液が尿に混入され排泄されることです。肉眼で赤く見えることもありますが、無色透明に見えても顕微鏡で見ると赤血球が混ざっている場合もあります。

解説

たんぱくは身体にとって大切な構成成分ですので、健康であればほとんど尿に出ることはありません。しかし、腎臓に病気が発症すると、濾過機能を有する糸球体をたんぱくが通過して尿に出るようになります。

スライド10 慢性腎不全

主に糸球体ろ過量が低下した腎機能障害

急性腎不全
　急速に悪化

慢性腎不全
　数か月～数年
　かけて機能低下

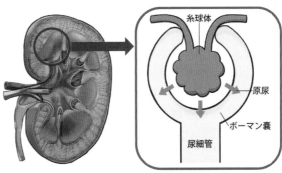

毛細血管が詰まった
糸球体で血液をろ過する

③　呼吸器機能障害

　肺の働きは身体に酸素を取り入れ、二酸化炭素を吐き出すことです。その働きが低下する病気には慢性閉塞性肺気腫があります。主な症状として、呼吸困難、痰の増加、喘鳴（ぜいめい）（ゼーゼー、ヒューヒューといった音が聞こえる）などがあります。（→**スライド11**）

スライド11 慢性閉塞性肺疾患（COPD）

長年の喫煙歴がある40歳以上の人に多い

〈主な症状〉
・咳
・痰
・呼吸困難

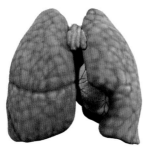
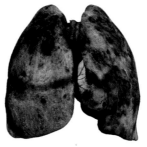

健康な肺　　　　　COPDの肺

解 説

腎臓はソラマメのような形をした握りこぶしくらいの大きさで、ひとつの重さは約120～150gで、左右にひとつずつあります。腎臓の基本的な役割は、血液をろ過して、体内には不要な水分や老廃物を尿として排出することです。その腎臓の機能が慢性的に低下して起こる病気に、慢性腎不全があります。

解 説

慢性閉塞性肺疾患は、息をする時に空気の通り道となる、気管支や肺に障害が起きて、呼吸がしにくくなる肺の病気です。タバコと深い関わりがあり、「生活習慣病」になります。

② 知的障害

　知的障害は、脳の病気や脳が十分に成長していないため、知的機能に障害が起こり、知的能力の発達が遅れている状態をいいます。

　主な症状としては、意思の伝達や自己管理能力、学習能力などに障害が起こります。周囲の変化に対応できなかったり、身のまわりのことが十分にできないなど、生活を営む上で支援の手が必要になりますが、知的障害のある人はそのような知的機能を"たまたま"備えていないのだと理解し、個を尊重した支援の手を差しのべることが大切です。

（→**スライド12**）

解説

知的障害とは、18歳までに起こった知的発達の遅れのために、社会生活に適応する能力に制限がある状態のことで、知能指数（IQ）で測られる「知的能力」の発達と、社会生活に適応する能力である「適応能力」の両方の状態から判断されます。

スライド12　知的障害によくみられる行動

□向かい合う指導は、左右が逆になり混乱する
□一度に複数のことを伝えても覚えられない
□幼稚な行動が多い（甘え、泣くなど）
□怒られることを恐れ、口ごもったままでいる
□自分の思いをうまく伝えられない
□洋服をひとりで着る、たたむなど簡単なことでも　身につけるのに時間がかかる

3 精神障害

(1) 精神障害の定義

　「精神保健及び精神障害者福祉に関する法律」第5条には、「精神障害者とは統合失調症、精神作用物質による急性中毒又はその依存症、知的障害、精神病質その他の精神疾患を有する者をいう。」と明記されています。

《統合失調症》

　統合失調症は主として思春期から青年期に発病し、多くは再発を繰り返しながら慢性的に経過します。

　精神症状には、陽性症状「幻覚（実際には存在しない声や音が聴こえる幻聴や、実際には存在しない人の姿などが見える幻視など）」「妄想（現実にはありえないことに強い確信をもち、訂正不能となるもの、誰かに迫害されるという被害妄想など）」などがあります。

　陰性症状は正常の精神機能の減弱と考えられるもので、「意欲や自発性の低下」「引きこもり」「表情が乏しくなる」などの症状があります。（→スライド13）

スライド13 統合失調症

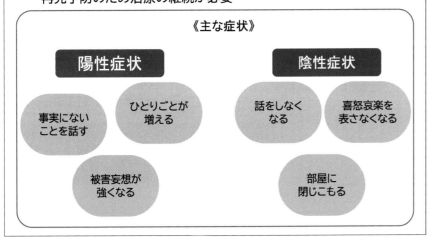

- ❏ 内因性精神障害：内的素因に基づく考え方
  原因不明であるが、遺伝的素因もある

- ❏ 頻度の高い病気：100人に1人弱が発症
  早期発見や早期治療、薬物療法と本人・家族の協力、
  再発予防のため治療の継続が必要

《主な症状》

陽性症状
- 事実にないことを話す
- ひとりごとが増える
- 被害妄想が強くなる

陰性症状
- 話をしなくなる
- 喜怒哀楽を表さなくなる
- 部屋に閉じこもる

解説

統合失調症は、およそ100人にひとり弱がかかる頻度の高い病気です。「普通の話も通じなくなる」「不治の病」という誤ったイメージがありますが、こころの働きの多くの部分は保たれます。内服薬を服用し続け、家族の協力や周りの人の理解など、再発予防のための治療の継続が大切です。

(2)　発達障害の定義

　発達障害とは、「自閉症、アスペルガー症候群その他の広汎性発達障害、学習障害、注意欠陥多動性障害、その他これに類する脳機能障害であって、その症状が通常低年齢において発現するもの」とされています。認知・言語・情緒・行動などの発達に問題があり、なんらかの援助を受けないと日常生活を送る上で支障がある場合が多くなります。

　主な特徴はコミュニケーションや対人関係を作るのが苦手なことから、「変わった人」「困った人」と誤解されるケースも少なくありません。発達障害の症状は、障害の程度や年齢、生活環境などによっても異なります。（→スライド14）

スライド14　発達障害の症状

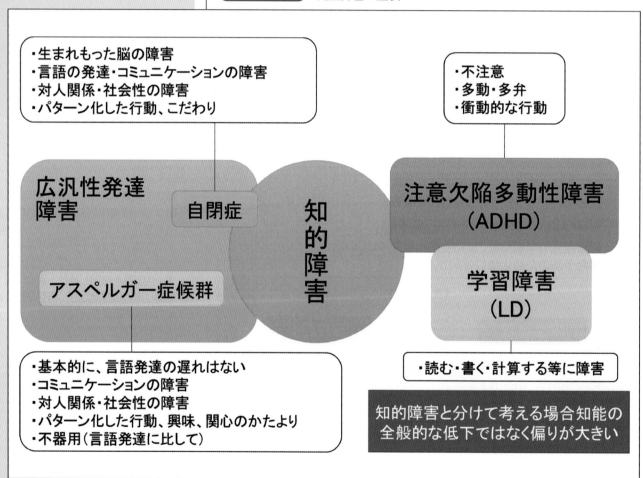

104

4 難病

　難病は、「原因不明で治療方法が未確立であり、かつ、後遺症を残すおそれが少なくない疾病」「経過が慢性にわたり、単に経済的な問題のみならず介護などに著しく人手を要するために家庭の負担が重く、また精神的にも負担の大きい疾病」とされています。

　難病のひとつにパーキンソン病があります。（→**スライド15**）

スライド15　パーキンソン病

□英国医師ジェームスパーキンソン
　（James Parkinson 1755-1824）が発見

□運動神経系の難病

□中脳のドパミン産生の障害

□運動機能に障害が起こる

パーキンソン病の4徴候
①安静時振戦　②筋固縮　③無動・寡動　④姿勢反射障害

　パーキンソン病の症状としては、安静時の手足の震え、筋肉が固くなる、身体の動きが悪くなる、姿勢を保つ力が障害されるなどがあげられます。これらの症状により、立ち上がり時にバランスを崩したり、歩行開始時に突進したりするなどの障害が起きます。

5 障害者福祉の基本理念

⑴　ノーマライゼーション

　　ノーマライゼーションとは、「障害者を特別視や排除するのではなく、障害をもっていても社会の中で、その人が望む生活が送れるような条件を整え、共に生きる社会こそノーマルな社会である」という考え方です。この概念はデンマークのバンク・ミケルセン（Bank Mikkelsen 1919-1990）により初めて提唱され、スウェーデンのベングト・ニィリエ（Bengt Nirje 1924-2006）により広められました。

　　ニィリエはノーマライゼーションの達成のためには、8つの原則が必要であり、それが可能となる経済条件、住宅、地域社会を構築しなければならないと述べています。（→スライド16）

解 説
高齢者の介護においても、その人の1日のリズム、1週間のリズム、1年のリズムを途切れさせないことです。その人にとって、今まで通りの当たり前の生活になるよう支援します。

スライド16　　ノーマライゼーションの8つの原則

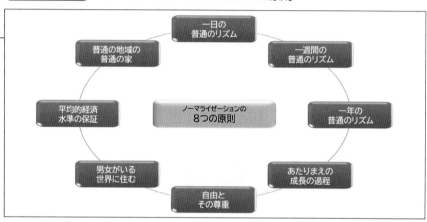

⑵　インクルージョン

　　障害児の分野で取り上げられた理念で、身体的、知的、情緒的、社会的、言語的などの条件の違いはあっても、すべての子どもたちを地域の普通学校で受け入れなければならないという考え方です。近年はソーシャルインクルージョンという理念の下、世界各国でバリアフリー（心のバリアフリー）などを実現して、すべての人々が平等に教育を受けたり、生活できる社会の構築が目標とされています。（→スライド17）

考えてみよう！
バリアフリーには、主に街中でのバリアフリーと心のバリアフリーとがあります。社会の中でバリアフリーを実現していくためにどのような思考が必要か、常に意識しながら行動することが大切です。

スライド17　　バリアフリー（街中のバリアフリー・心のバリアフリー）

街中のバリアフリー	心のバリアフリー
エレベーターやトイレなど「ハード面のバリアフリー」、点字や音声、手話、多言語による情報提供など「情報面でのバリアフリー」	すべての人々が、偏見や無関心といった"心の障壁"を取り払い、相互に理解を深めようとコミュニケーションをとり、支え合うこと

「バリア」＝じゃまをするもの
「フリー」＝バリアがない状態

考えてみよう！「バリアフリーのトイレ」

バリアフリーのトイレの洗面台です。
便座の他に、通常のトイレとどこが違うでしょう？

車椅子の方でも使用できるように、洗面台の下にスペースを設けています。ほかにも、街中で見かけるバリアフリーについて、どんなものがあるか話し合ってみましょう。

(3) エンパワメント

自分の内なる力を目覚めさせ、それを強化することをいいます。

(4) リハビリテーション

リハビリテーションとは単に訓練をさす言葉ではなく、障害をもった方が可能な限り元の社会生活を取り戻すことを意味します。それには障害自体が軽減するように機能訓練を行う必要もありますが、身体の不自由が残っても安心して生活ができるような社会を実現することも重要です。（→スライド19）

機能訓練

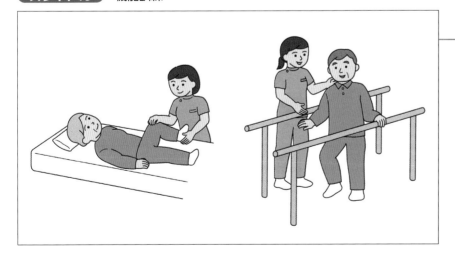

リハビリテーションの専門職には、理学療法士、作業療法士、言語聴覚士がいます。
理学療法士は、寝返る、起き上がる、立ち上がる、歩くなど、日常生活で必要な基本動作ができるよう身体の基本的な機能回復をサポートします。
作業療法士は、入浴や食事など日常生活の動作や、手工芸、園芸およびレクリエーションまであらゆる作業活動を通じて身体と心のリハビリテーションを行います。
言語聴覚士は、言葉によるコミュニケーション機能に問題がある方への支援や摂食・嚥下に問題のある方への支援を行います。

なお、介護サービスにおいては、利用者の自宅に介護事業所の職員が訪れリハビリを施す「訪問リハビリテーション」と、施設に出向いてリハビリを行う「通所リハビリテーション」があります。

国際生活機能分類（ICF）の流れでその人をとらえると、その人の全体像がみえてきます。特に、障害や病気があるから「もうダメ」という考え方では、その人の人生は終わってしまいます。残された機能やその人の人間性などを有効に活用してもらうことで、今まで以上の生活ができることもあります。介護者がそのような考えをもつこともとても大切です。

⑸ 国際生活機能分類（ICF）

2001（平成13）年世界保健機関（WHO）は、以前の国際障害分類（ICIDH）を改定して、国際生活機能分類（ICF）を採択しました。ICFでは人間の「生活機能と障害」を、「心身機能・身体構造の障害」「活動」「参加」の3つからとらえています。さらに、「環境因子」「個人因子」「健康状態」も、人間の「生活機能と障害」に影響を与えるものとして考えられています。つまりその人を取り巻く「環境因子」や、個々人の特性などによる「個人因子」は、「生活機能と障害」に関連する大きな要因だということです。

その人の生活や人生は、個々人の特性などが影響するのはもちろんですが、物的・社会的・人的環境も影響をしています。個人を取り巻く環境にも目を向け、個人を総合的にとらえることが必要です。
（→スライド20・21）

スライド20 国際生活機能分類（ICF）

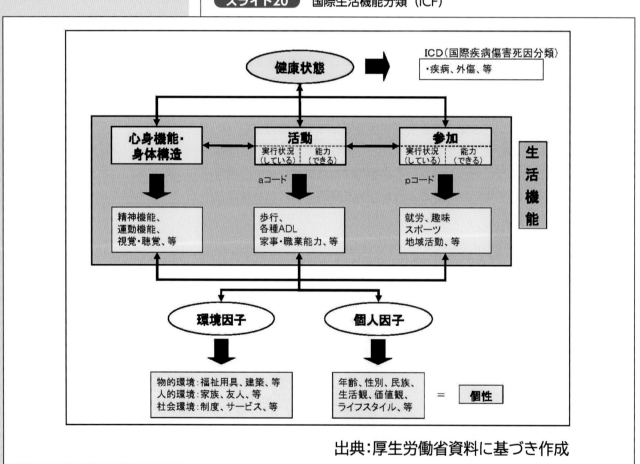

出典：厚生労働省資料に基づき作成

スライド21 考えてみよう！「障害のある生活」

- ❑ 身体障害（身体の自由が利かない生活）
- ❑ 知的障害
  （人と同じことが苦手。読み書き、計算が苦手）
- ❑ 身近に力を貸してくれる人はいる？
- ❑ 視覚障害（見えない生活）
- ❑ 聴覚障害（聞こえない生活）

考えてみよう！

演習としてイメージしてみましょう。
自分が障害のある生活になった場合を
考えてみましょう。

6 支援のための基本姿勢

　障害があるといってもその様子は様々であり、また個人によっても異なることを理解して支援します。そのためには、その障害がどのようなものであるかの基礎的な知識や、心身の状態や症状を含めた医学的な側面を理解することが助けとなります。もちろん、その人の個別性やニーズ（必要性）を踏まえた対応が大切であることはいうまでもありません。

　障害や難病のある人の家族は、様々な心理を体験します。例えば自分の子どもの障害の告知を受けた時、それを受け入れるまでには様々な段階を経て受容に至ります。それは当然本人も同じです。家族に対しては、その努力を評価し尊重すること、不安や現状に対する共感を示し、共に考えることが大切です。

第6章

介護における安全の確保
（入門講座2時間）

介護を必要とする人の、安全の確保と健康の増進の方法を学習します。
そして、介護支援をする自分自身について、安全の確保と健康の増進の方法を理解します。

解説

食べてはいけないものを誤って口に入れてしまい、飲み込むことです。認知症の方に起こりやすい事故になります。

解説

1件の重大事故の背景には、29件の軽微な事故があり、その背景には300件のヒヤリハット（異常）が存在するという法則です。

⬛ 介護の現場で起きやすい事故

　介護施設や介護サービスを提供する現場では、言うまでもなく安全への取り組みには万全の注意が払われています。しかしながら、人が人を援助するというこの場においては、ちょっとした気のゆるみが事故につながることもあり、事故を未然に防ぐことは永遠の課題です。機能低下があり免疫力の低下した高齢者への支援は、命に直結する極めて緊張感の高い現場だと絶えず意識すること、事前の知識があることなどで予防できることも多くなります。

　介護現場で起きやすい事故には、「転倒・転落」「入浴時の事故」「誤嚥・誤飲」「食中毒」「感染症」などがあります。「転倒・転落」「入浴時の事故」「誤嚥」に関しては、第3章「基本的な介護の方法」で述べていますので、この章では、「食中毒」と「感染症」について解説していきます。

　「ハインリッヒの法則」をご存知でしょうか？　アメリカの損害保険会社の社員であったハーバート・ウィリアム・ハインリッヒ（Herbert William Heinrich 1886 - 1962）が、ある工場で発生した数千件に上る労働災害の統計調査から導き出した、興味深い法則です。その法則とは、1件の重大事故の背後には29件の軽微な事故が、さらには事故寸前だった300件の異常（ヒヤリ・ハット）が隠れているというもので、「1：29：300の法則」とも呼ばれます。

　介護の現場では、ヒヤリ・ハットがいつ、どんな場面で起きてもおかしくないリスクがつきまとっています。トラブルを発生させないことはもちろん、もし発生してもどのように対処するかを心得て行動することが肝要です。（→**スライド1**）

スライド1　ハインリッヒの法則

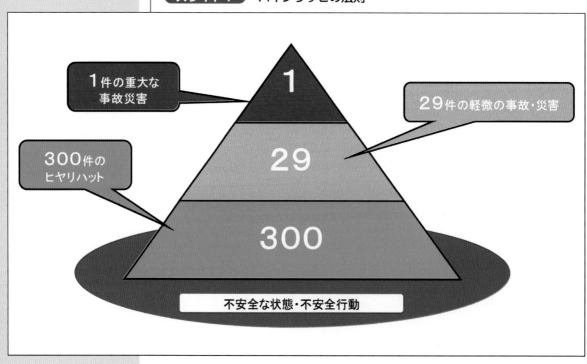

2 食中毒

　毎日食べている家庭の食事でも食中毒は発生します。普段当たり前にしていることが、思わぬ食中毒を引き起こすことがあります。風邪や寝冷えと思って食中毒とは気づかず、重症化することもあるので注意が必要です。

　食中毒を引き起こす原因菌は「細菌」と「ウイルス」です。細菌もウイルスも目には見えない小さなもので、顕微鏡で拡大して初めて観察できる極めて微小なものです。

　細菌は温度や湿度などの条件がそろうと食べ物の中で増殖し、その食べ物を食べることにより食中毒を引き起こします。

　一方、ウイルスは低温や乾燥した環境の中で長く生存します。ウイルスは、細菌のように食べ物の中では増殖しませんが、食べ物を通じて体内に入ると、人の腸管内で増殖し、食中毒を引き起こします。

　細菌が原因となる食中毒は夏場（6月〜8月）に多く発生しています。その原因となる細菌の代表的なものは、腸管出血性大腸菌（O157、O111など）やサルモネラ属菌などです。（→**スライド2・3**）

スライド2　大腸菌

健康な人の大腸内で生息するが
環境中にも広く分布している

腸管出血性大腸菌O157、O111など
ある種の大腸菌は毒性の強いベロ毒素を出し、
腹痛や水のような下痢、出血性の下痢を引き起こす

解説
大腸菌は、普段私たちの体の中にいます。そのような菌を常在菌といいますが、健康であれば害を及ぼすことはありません。免疫力が弱っていたり、体力が低下していたりすると、重篤な症状や病気を引き起こします。

スライド3　サルモネラ属菌

牛や豚、鶏、猫や犬などの腸の中にいる細菌

牛・豚・鶏などの食肉、卵などが主な原因食品
菌が付着した食べ物を食べてから
半日〜2日後ぐらいで、
激しい胃腸炎、吐き気、おう吐、腹痛、下痢などの
症状が現れる

解説
卵がけご飯が原因のサルモネラによる食中毒で、子どもが死亡した事例があるため、賞味期限を過ぎた卵は生で食べないようにしてください。また、乳幼児や高齢者、妊娠中の女性、免疫力が低下している人は加熱調理して食べることをお勧めします。

食中毒を引き起こす細菌の多くは、室温（約20℃）で活発に増殖し始め、人間や動物の体温ぐらいの温度で増殖のスピードが最も速くなります。また、細菌の多くは湿気を好むため、気温が高くなり始め湿度も高くなる梅雨時には細菌による食中毒が増えます。一方、低温や乾燥した環境の中で長く生存するウイルスが原因となる食中毒は、冬場（11月〜3月）に多く発生しています。食中毒の原因となる代表的なウイルスであるノロウイルスは調理者から食品を介して感染する場合が多く、ほかに二枚貝（カキなど）に潜んでいることもあります。

ノロウイルスによる食中毒は大規模化することが多く、高齢者施設でも毎冬多くの方が感染し、年間の食中毒患者数の5割以上を占めています。このように様々な原因物質によって、食中毒は1年中発生しています。（→**スライド4**）

解説

感染から発症までの時間を潜伏期間といいますが、ノロウイルスの潜伏期間は24〜48時間です。主な症状は、吐き気、嘔吐、下痢、腹痛で、発熱はほとんどありません。通常、これらの症状が1〜2日続いた後、治癒し、後遺症もありません。また、感染しても発症しない場合や軽い風邪のような症状の場合もあります。しかし、病院や高齢者福祉施設でノロウイルスの集団感染が発生している時期に、死者が出たことがあります。

スライド4　ノロウイルス

> ノロウイルスは手指や食品などを介して、口から体内に入り感染する
>
> 腸の中で増殖し、おう吐、下痢、腹痛などを起こす
> ノロウイルスに汚染された二枚貝などの食品を
> 十分加熱しないまま食べたり、ノロウイルスに
> 汚染された井戸水などを飲んだりして感染するほか
> ノロウイルスに感染した人の手やつば、ふん便、
> おう吐物などを介して、二次感染するケースもある

きれいにしているキッチンでも、食中毒の原因となる細菌やウイルスがまったくいないとは限りません。食器用スポンジやふきん、シンク、まな板などは、細菌が付着・増殖したりウイルスが付着しやすい場所といわれています。黄色ブドウ球菌は自然界に広く分布し、人の皮膚やのどにもいます。調理する人の手や指に傷があったり、傷口が化膿したりしている場合は、食品を汚染する確率が高くなります。汚染された食物を食べると、3時間前後で急激におう吐や吐き気、下痢などが起こります。（→**スライド5**）

解説

黄色ブドウ球菌を顕微鏡で見ると、ぶどうの房のように集まっていることから、この名前が付けられました。この細菌は、食中毒の原因となるだけでなく、おでき、にきびや水虫などに存在する化膿性疾患の代表的な起因菌です。そのため、健康な人でものどや鼻の中などに高率で検出され、動物の皮膚、腸管、ホコリの中など身近にも存在しています。
この菌は、食べ物の中で増殖する時にエンテロトキシンという毒素を作り、この毒素を食品と一緒に食べることにより、人に危害を及ぼします。

スライド5　黄色ブドウ球菌

> ほとんどは皮膚への感染
>
> 皮膚の損傷部、火傷部などに発生しやすい

食中毒を防ぐためには、細菌の場合は食べ物に

　①「つけない＝洗う、手洗い」

　②「増やさない＝低温で保存」

　③「やっつける＝加熱処理」

という３原則が重要になります。

　また、ウイルスの場合は、ごくわずかな汚染によって食中毒を起こしてしまうので、ウイルスに「汚染されていない」①③が極めて重要になります。（→スライド６）

解説
ウイルス自体は増殖しないので、「増やさない」は当てはまりません。

スライド６　正しい手の洗い方

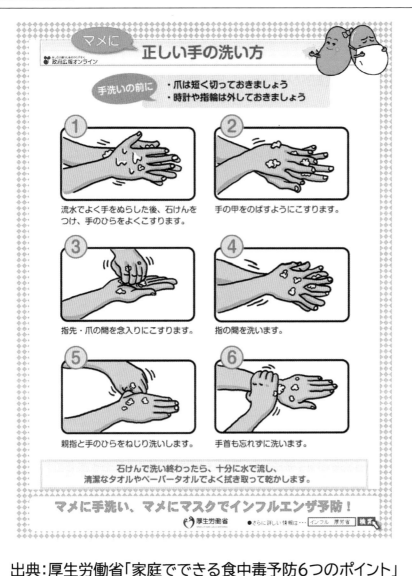

出典：厚生労働省「家庭でできる食中毒予防6つのポイント」

解説

汚れが残りやすいところ

（手のイラスト：洗い残しの多いところ／やや洗い残しの多いところ、つめ、指先、親指のまわり、指の間、しわ、手の甲側、手のひら側）

3 感染と感染予防

(1) 感染とは

　「感染」とは、何らかの病原体が人の身体に侵入して、そこで増殖を続けることをいいます。「感染症」とは、感染によって引き起こされた結果、病気になってしまった状態をいいます。（**→スライド7**）

スライド7　感染症の要因

①病原微生物の存在 ＝ 感染症を引き起こす病原微生物

②感染経路の存在　 ＝ 病原体が新たに感染症を起こす経路

③抵抗力の低下　　 ＝ 小児、高齢者など

解説
感染症の要因はこの3つですので、これらを理解し遮断することが感染症の予防につながります。

感染経路には
　① 接触感染（**→スライド8**）
　② 飛沫感染（**→スライド9**）
　③ 経口感染（**→スライド10**）
　④ 血液感染（**→スライド11**）
があります。

スライド8　接触感染

感染の源に直接的あるいは間接的に接触することで病原体が付着し、さらにその病原体をほかにつけてまわることで感染する

□ 主な菌：「疥癬」「黄色ブドウ球菌」

□ 予防策：手洗い　清潔な衣服

解説
主な菌には、黄色ブドウ球菌や疥癬のダニなどがあります。予防には、手洗いや清潔な衣服を身につけることを心がけます。

スライド9 飛沫感染

感染源となる人が、せき、くしゃみ、会話などで
病原体を含んだ唾液が飛沫粒子として飛び散り、
近くにいる人がその飛沫粒子を吸い込み感染する

❏ 主な菌:「インフルエンザ　結核」

❏ 予防策:うがい　マスク

解 説

主な菌には、結核菌やインフルエンザ
ウイルスなどがあります。予防には、
うがいやマスクの着用を心がけます。

スライド10 経口感染

汚染された食物や水などが口から入ることで
感染する

❏ 主な菌:「ノロウイルス」

❏ 予防策:体力・免疫力をつける
　　　　　食べ物の衛生

解 説

主なものには、ノロウイルスがありま
す。予防には、体力や免疫力をつける、
食べ物は衛生的に扱うなど心がけます。

スライド11 血液感染

血液が傷口や粘膜に付着することにより、
引き起こされる感染症

❏ 主な菌:「注射　輸血　歯の治療」

❏ 予防策:出血時のケア、手袋の着用
　　　　　　　　　　　　　　etc.

解 説

血液感染とは、文字通り感染している
人の血液が、傷口や粘膜に付着するこ
とにより引き起こされる感染症のこと
を指します。髭剃りや口腔ケア時の出
血を予防し、もし、感染している人の
支援の際は手袋を着用するなど、取扱
いに気をつけます。

(2)　感染予防

　感染予防には、何が清潔なのか、どのように対応しないと清潔が保持できないのか、不潔なものの処理はどのようにして行うのか、などについて理解することが必要になります。感染を予防し破棄物を適正に処分することが、質の高い介護支援につながり、さらに高齢者や自分自身の身を守ることにつながります。

①　標準予防策（Standard Precautions）（→スライド12）

スライド12　スタンダードプリコーション

スタンダードプリコーション：標準予防策

すべての血液、体液・分泌物（痰、唾液、嘔吐物）、排泄物（便・尿）、創傷皮膚、粘膜などは感染する危険性があるものとして取り扱う

②　清潔、消毒法

　まず、普段行っている水拭きなどでの清掃で、清潔の保持に努めます。さらに、感染予防のためには多数の人の手が触れる場所や、身の回りのものは消毒することをお勧めます。また、ノロウイルスや感染性の病気が疑われる場合は、普段より頻繁に消毒します。**（→スライド13）**

スライド13　療養環境の清潔、消毒法

居室、トイレ、キッチンの清潔
血液、体液・分泌物、排泄物のついたもの

拭き取りは外側から行う

次亜塩素酸ナトリウム

次亜塩素酸ナトリウム

4 介護者の健康管理と感染対策

(1) 介護者の安全衛生対策

　社会福祉施設では、安全・安心・快適な生活環境を利用者に提供することを最も重要な責務としています。そのためには、まずサービスを提供する施設職員の安全や健康が保たれていなければなりません。しかし、施設職員の業務は利用者の生活に密着して、食事・入浴・排泄などの生活支援と介助など広く多岐にわたり、特に腰部に負担のかかる作業が多いため、腰痛は切り離せない症状になっています。
（→スライド14）

スライド14　社会福祉施設での労災の内訳

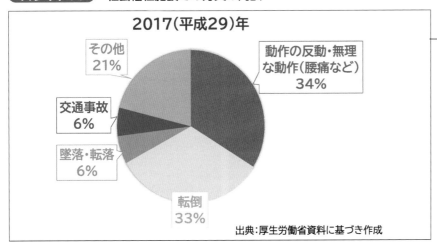

2017（平成29）年

- その他 21%
- 動作の反動・無理な動作（腰痛など） 34%
- 交通事故 6%
- 墜落・転落 6%
- 転倒 33%

出典：厚生労働省資料に基づき作成

解説

動作の反動・無理な動作では、「入居者の両脇を抱えて左回りに車いすに移そうとした時、腰が痛んだ」、転倒では、「居室で利用者の起きあがり介助をしていた際、利用者が脱力し倒れ込んできたため、一緒に転倒した」、墜落・転落では、「高い所にある洗剤を取るために椅子を使い、椅子から降りようとした際にバランスを崩して床に転落した」、などがあります。

① 腰痛対策

　腰痛は、業務上疾病の発生総数のうち6割以上を占めています。特に社会福祉施設では腰部に過重な負担のかかる作業が多いため、腰痛の発生しやすい状況にあり、予防対策が不可欠です。（→スライド15）

スライド15　腰痛とは

腰部を主とした痛みやはりなどの不快感といった症状の総称

動作要因：腰部に動的あるいは静的な過度の負担
環境要因：腰部の振動、寒冷、床・階段での転倒など
個人的要因：年齢、性、体格、筋力、
　　　　　　腰椎椎間板ヘルニア、
　　　　　　骨粗鬆症などの既往など

解説

2足歩行を行う人間にとって、腰痛は切り離せない症状です。高齢者にも訴えの多い症状になります。

介護の現場では、前かがみ・中腰での作業や腰のひねりを長く保つ作業が頻繁に行われます。こうした作業による腰部の負担を軽くするために、「適宜小休」「同一姿勢を長時間保たない」などを心がけます。また、福祉機器の利用により利用者の抱きかかえなどを伴う腰部の負担が軽減できます。（→**スライド16・17**）

（→**スライド16・17**）

解 説
HAL®腰タイプ介護支援用は、生体電位信号を読み取って動きをサポートし、負担のかかる動作のアシストをしてくれます。そのため、極端な負荷が腰に集中することを回避します。

スライド16　HAL®腰タイプ介護支援用

HAL®腰タイプ介護支援用は、移乗介助のような介助動作において腰部にかかる負荷を低減することで、腰痛を引き起こすリスクを減らします。これまで通りの介護を楽に行うことができ、支えられる側だけでなく、支える側も支援します。
（サイバーダイン株式会社ホームページより抜粋）

スライド17　福祉機器の利用

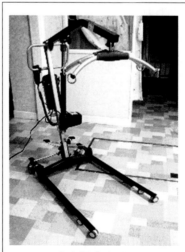

床走行式リフト

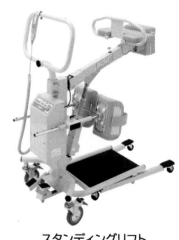

スタンディングリフト
出典：アイ・ソネックス株式会社

利用者を介助する時、「どのような姿勢をとるか」「どのような動作をするか」も腰痛と関連の深い要因といえます。(→**スライド18**)

スライド18 作業姿勢

最大に腰椎が反った状態から少し戻し、前弯が残っている状態を保つ

中腰で抱えると腰痛の原因になる

出典:厚生労働省資料に基づき作成

床から物を持ち上げる時、身体をひねった時、くしゃみをした時に「ぎくっ」と腰が痛むことがあります。これが「ぎっくり腰」と呼ばれる腰椎ねんざです。身体が動かせないようであれば、横向きか上向きで膝を曲げて、エビのような姿勢で横になると楽になります。

② **健康管理**

労働安全衛生法に基づき、労働者の健康状態の把握のため、一般健康診断の受診を定め、その結果に基づく事後措置や保健指導の実施が必要とされています。また、介護作業など腰部に著しい負担のかかる作業に常時従事する労働者に対しては、腰痛の健康診断(特殊健康診断)を実施します。さらに、健康確保の観点から作業前の体操や常時のストレッチなどの実施を推奨しています。これを行うことで、ぎっくり腰の予防になります。(→**スライド19**)

スライド19　ストレッチ・腰痛体操

ストレッチ

大腿前面（太もも前側）のストレッチング

下腿後面（ふくらはぎ）のストレッチング

※20～30秒間姿勢を維持し、
　左右それぞれ1～3回伸ばします

腰痛体操

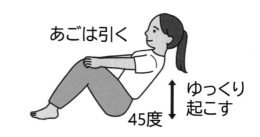

あごは引く

ゆっくり
起こす

45度

引きつけて
キープ

出典：厚生労働省資料に基づき作成

解説

仕事の合間や休憩時間に、手軽にできることを前提に考えられたストレッチです。

(2)　介護者の感染予防

　これまで述べてきたように、介護職は身体が資本です。日頃の体調管理には気をつけておきたいものです。中でも特に気をつけておきたいのが、感染症や風邪などの予防です。日頃健康体である私たちは、知らない間に風邪などに感染している場合があります。そのウイルスや細菌を免疫力が低下した高齢者に移してしまうことがあるので、注意しましょう。（→**スライド20**）

スライド20　不顕性感染

解説

免疫力が低下している高齢者に接する時は、自分自身が何かの微生物に感染しているかもしれない、ということを常に意識して行動します。また、感染しないように健康管理には細心の注意を払います。

微生物（ウイルス）などに感染しても
定形的な臨床症状を示さず、
健康にみえる場合をいう

ノロウイルス

発症
せず　　発症　　発症

不顕性感染

　感染症を予防するための方法としては、「予防接種」という方法があります。
（→スライド21・22）

スライド21　　介護職員の健康管理の具体的な方法

ワクチンの接種
インフルエンザワクチン

ワクチンの理論
予防のためワクチン接種
外部からのウイルスを攻撃する抗体（免疫）ができる

実際にウイルスに感染！
すでにできた抗体がウイルスを攻撃する

2週間くらいたってから効果が現れ、4か月〜半年効果が持続する

解説
インフルエンザの対策で、最も有効な方法は予防接種です。人の身体は、ウイルスや病原菌などの抗原に一度感染すると、体内に抗体を作る働き（免疫）があります。この働きで、次に同じ抗原が入ってきても感染しないようになります。インフルエンザウイルスの一部を前もって体内に注入することで、症状を軽くすることができます。

スライド22　　介護者の健康管理と介護の質

■やりがいの大きい仕事である一方で
　肉体的にも精神的にも負担が大きい
■介護者自身が寝不足、疲労感が強いなど
　心身が落ち着いた状態でなければ
　判断力が鈍ったり、集中力に欠けてしまう
■上記の事柄により、介護の質を左右することが
　理解できる

介護者の健康管理は介護の質に直結する

　介護者自らの健康をしっかりと管理することが、介護の質に直結します。クラスターなどの防止も念頭に置き、健康管理に努めましょう。

≪日本介護福祉士会倫理綱領≫

日本介護福祉士会倫理綱領
1995年11月17日宣言

1．利用者本位、自立支援

　　介護福祉士はすべての人々の基本的人権を擁護し、一人ひとりの住民が心豊かな暮らしと老後が送れるよう利用者本位の立場から自己決定を最大限尊重し、自立に向けた介護福祉サービスを提供していきます。

2．専門的サービスの提供

　　介護福祉士は、常に専門的知識・技術の研鑽に励むとともに、豊かな感性と的確な判断力を培い、深い洞察力をもって専門的サービスの提供に努めます。また、介護福祉士は、介護福祉サービスの質的向上に努め、自己の実施した介護福祉サービスについては、常に専門職としての責任を負います。

3．プライバシーの保護

　　介護福祉士は、プライバシーを保護するため、職務上知り得た個人の情報を守ります。

4．総合的サービスの提供と積極的な連携、協力

　　介護福祉士は、利用者に最適なサービスを総合的に提供していくため、福祉、医療、保健その他関連する業務に従事する者と積極的な連携を図り、協力して行動します。

5．利用者ニーズの代弁

　　介護福祉士は、暮らしを支える視点から利用者の真のニーズを受けとめ、それを代弁していくことも重要な役割であると確認したうえで、考え、行動します。

6．地域福祉の推進

　　介護福祉士は、地域において生じる介護問題を解決していくために、専門職として常に積極的な態度で住民と接し、介護問題に対する深い理解が得られるよう努めるとともに、その介護力の強化に協力していきます。

7．後継者の育成

　　介護福祉士は、すべての人々が将来にわたり安心して質の高い介護を受ける権利を享受できるよう、介護福祉士に関する教育水準の向上と後継者の育成に力を注ぎます。

≪参考文献≫
　平成29年簡易生命表の概況/厚生労働省
　高齢者の生活環境/平成28年版高齢社会白書/内閣府
　合計特殊出生率について/厚生労働省
　「『動かない』と人は病む・生活不活発病とは何か」
　　　　　　　　　　　　　　　　　　著者：大川弥生、講談社
　介護保険と福祉用具/一般社団法人全国福祉用具専門相談員協会
　「よくわかる『脳』の基本としくみ」
　　　　　　　　　　　　　　監修：斉藤和邦、株式会社秀和システム
　「老化と寿命のしくみ」　著者：米井嘉一、株式会社日本実業出版社
　「からだのしくみ大全」　監修：伊藤善也、永岡書店
　「老年医学テキスト」
　　　　　　　編集：社団法人日本老年医学会、株式会社メジカルビュー社
　介護高齢者福祉/厚生労働省
　「新・介護福祉士養成講座　発達と老化の理解」
　　　　　　編集：介護福祉士養成講座編集委員会、中央法規出版株式会社
　「新・介護福祉士養成講座　生活支援技術ⅠⅡⅢ」
　　　　　　編集：介護福祉士養成講座編集委員会、中央法規出版株式会社
　「最新 介護福祉全書　こころとからだのしくみ」
　　　　　　　　　　編集：小板橋喜久代、メヂカルフレンド社
　「最新 介護福祉全書　障害の理解」
　　　　　　　　　　編集：谷口　敏代、メヂカルフレンド社

◆編著者プロフィール

木村　久枝　：　一般社団法人 介護福祉指導教育推進機構 理事
　　　　　　　　　前 松本短期大学 教授

[第4版]「介護に関する入門的研修」テキスト

はじめての介護入門　研修テキスト［講師用］

2023年5月20日　第4版発行

編　著　木村　久枝　　編集協力　中松　光
発行者　上條　章雄

発行所　厚有出版株式会社
　　　　〒106-0041　東京都港区麻布台 1-11-10 日総第22ビル 7 階
　　　　TEL.03－6441－0389　FAX.03－6441－0388
　　　　©Koyu Publishing CO.,Ltd. 2023 Printed in Japan
　　　　ISBN978- 4-910668-03-1
　　　　乱丁・落丁本はお取り替えいたします。
　　　　本書の無断転載・複製を禁じます。